「トリート・テーブル」の料理教室

かんたん、おいしい、おもてなし。

田中優子

Introduction
はじめに

家族や友だち、仕事の仲間に、自分のつくった料理を食べてもらうことが好きです。食べた人からレシピを聞かれて、教えることも好き。「えっ、そんなにかんたんなの！」と驚かれて、実際につくってもらえたら、もっとうれしい。気がついたら、仕事の合間をぬって、料理教室を開くようになっていました。

教室をはじめたのは2年ほど前からですが、じつは去年の秋に転機がありました。料理教室はもちろん、料理の撮影をしたり、ときには貸し切りレストランにもなる、大きなテーブルを備えたキッチンスタジオをつくったのです。
──それが「トリート・テーブル」です。

教室で教えるのは主におもてなし料理ですが、ふだんのごはんにも活躍する、かんたんレシピばかり。
たとえば、調味料はなるべく覚えやすい分量になるように、それでいて、おいしくなるように工夫しています。
この本は、そんなレシピをまとめたものです。
ランチやディナーなど、テーマに合わせたコース仕立てになっている章もありますが、つくりたい料理を好きなように組み合わせるのがいちばん。
かんたんにおいしいものが食べたくなったとき、この本をめくってもらえたらうれしいです。

2008年6月
トリート・テーブル　田中優子

Contents
もくじ

はじめに 2

料理をつくる前に 6

Lesson 1
野菜たっぷり、パスタのランチ。 7
- りんごとゴルゴンゾーラのカナッペ 9
- ひとくちキャロットスープ 🍲 9
- 野菜のボート3種 10
  - きゅうり×ごまみそペースト Ⓟ
  - セロリ×アンチョビチーズペースト Ⓟ
  - チコリ×ツナペースト Ⓟ
- ほたてのタルタル　サーモン包み 11
- 春野菜のパスタ Ⓟ 12

Column 1
電子レンジでつくれるすごくかんたん「乾燥ハーブ」。...... 14

Lesson 2
ランチでアジアのごはん、いろいろ。 15
- アジアのひとくち前菜
  - 海老のスイートチリソースマリネ 🍲 18
  - ししゃもの変わり揚げ 18
  - ピータン豆腐 19
  - 鴨の冷製　ゆずこしょう風味 🍲 19
  - きゅうりのごま酢和え 🍲 20
  - 北京ダック風　カリカリワンタンロール Ⓟ 20
- 温野菜のピーナッツバター・ディップ 🍲 21
- わかめと春菊の韓国風サラダ 22
- ユッケ風の鉄火丼 23
- 冷やしとろろ汁 Ⓟ 23

Column 2
「自家製ゆずこしょう」と種でつくる「ゆずローション」。...... 24

Lesson 3
だれにでもよろこばれる、しみじみ和のこんだて。 25
- ほうれん草としめじのおひたし 28
- 根菜たっぷりの卯の花 🍲 28
- 白身魚の和風カルパッチョ 29
- 銀だらの粕漬け Ⓟ 30
- 揚げなすの豚肉巻き 🍲 31
- 大根おろしのかきたまみそ汁 32
- きゅうりの洋がらし漬け 🍲 32
- 牡蠣とごぼうの炊き込みごはん 33

Column 3
うつわとの出合いは一期一会。少しずつ買いそろえて。... 34

Lesson 4
ワインがすすむ、とっておきメニュー。 35
- プロシュート巻き　3種 38
  - グリッシーニに巻いて
  - フルーツに巻いて
  - カマンベールチーズに巻いて
- フィンガーフード、いろいろ 39
  - かにとアボカドのディップ　クラッカー添え
  - うにとクレソンのカナッペ
  - いくらとたまごのプチパイ Ⓟ
- ほたてのカルパッチョ　キウイソース Ⓟ 40
- 海老と黒オリーブのピンチョス 🍲 41
- きのこ三昧　サラダ仕立て Ⓟ 42
- じゃがいもとアンチョビのグラタン Ⓟ 43
- おこわ入りのローストチキン Ⓟ 45

Column 4
わたしの仕事の原点、「ケータリング」。...... 46

Lesson 8
家でつくるなら、こんな変わり寿司。 75
プロシュートのてまり寿司 78
ザーサイ寿司 78
牛タタキのにぎり 79
そば寿司 79
みょうが寿司 Ⓟ 80
あじの押し寿司 Ⓟ 80
ひとくちゆずいなり Ⓟ 81
韓国のり巻き Ⓟ 81

Column 8
キッチンを快適にしてくれる小さなひと工夫。 82

Lesson 9
これならかんたん、手間いらずのスイーツ。 83
ふわとろ苺のレアチーズ 85
アフォガート 86
かんたんティラミス 🍲 87
チョコレート・ブラウニー 🍲 88
あずきとココナッツミルクのタピオカ 90
柿のシャーベット マスカルポーネ添え 🍲 91
ベイクド・バナナ・チーズケーキ 🍲 92

Column 9
たのしくつくって、たのしく飲む。
それがトリート・テーブルの料理教室。 94

ふだんごはんに役立つさくいん 95

🍲 前日からつくっておける料理には、「お鍋のマーク」をつけました。ただし、盛りつけやトッピングの作業はのぞきます。

Ⓟ 前日に途中まで仕込んでおける料理には、「Prepare（準備する）マーク」をつけました。レシピの手順にこのマークがついていると、そこまで仕込んでおけます。

Lesson 5
トリート・テーブルのある日のメニュー。 ... 47
松花堂に前菜をつめて
　鶏そぼろ入り 和風生春巻き Ⓟ 50
　プチトマトとモッツァレラチーズのおひたし 🍲 ... 50
　さんまのしぐれ煮 山椒風味 🍲 51
　根菜の黄色いごま和え 🍲 51
　砂肝のにんにくじょうゆ漬け 🍲 52
　もち米しゅうまい 52
　にんじんのたらこ和え 53
　ししとうの大葉揚げ Ⓟ 53
　豚肉のみつば蒸し 53
チン！牡蠣 54
里いものみぞれ煮 ゆず風味 55
牛肉の八角煮 半熟味つけたまご添え 🍲 56
冷やしとろとろうどん 57

Column 5
トリート・テーブルができるまで。 58

Lesson 6
3種の鍋料理と、スープでつくるシメごはん。 59
ブイヤベース 62
シーフード・リゾット 63
担々しゃぶしゃぶ 64
担々麺 Ⓟ 64
エスニック水炊き鍋 67
タイカレー 67

Column 6
これはおいしい！「自家製ラー油」のすすめ。 68

Lesson 7
ビールがおいしい、あとひきおつまみ。 ... 69
ザンギ（北海道式 鶏の唐揚げ） Ⓟ 71
五目納豆のレタス巻き 71
さきいかのかき揚げ 72
牡蠣の豆豉焼き 72
シガレット風 春巻き Ⓟ 73
自家製ビーフジャーキー 🍲 73

Column 7
たっぷりしそがあるときにつくりたい「しそみそ」。 74

Before Cooking
料理をつくる前に

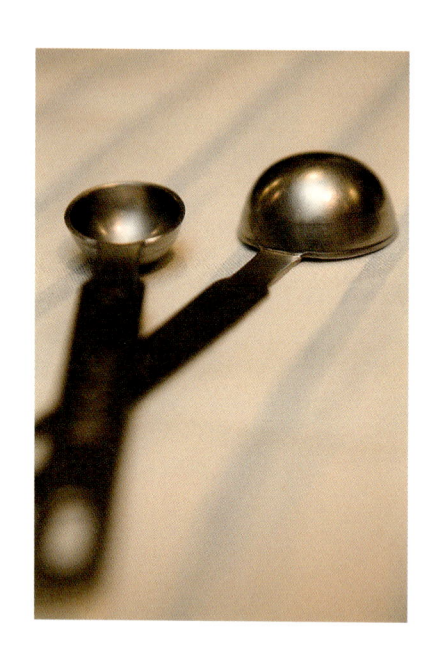

● この本で表記している分量は、計量スプーンの小さじ1＝5cc、大さじ1＝15cc（いずれもすりきり）です。また、計量スプーンは、形によって計る分量に差が出ることがあります。この本で使用したのは、左の写真のタイプです。

● 米の計量単位である1合は、180ccです。

● 電子レンジの調理時間は、500Wで加熱した場合です。電子レンジはメーカーや機種によって加熱時間が変わることがあるため、レシピ中の時間は目安として考えてください。

● レシピ中の「EVオリーブオイル」は、「エキストラバージンオリーブオイル」の略称です。

● レシピの分量と写真で掲載している料理の量は、異なる場合があります。

● 材料の「だし」は、次のレシピでとったものを使用するとおいしくつくれます。

だしのとり方
材料
　水……1ℓ
　かつお節……20〜30g（大きくふたつかみ）
　昆布……10cm四方

つくり方
❶ 鍋に水と昆布を入れて、弱火にかける。沸騰直前に昆布をひきあげ、火をとめる。かつお節を入れてそのままおく。
❷ かつお節が沈んだら、ざるでこす。

Lesson 1
Pasta Lunch
野菜たっぷり、パスタのランチ。

旬の野菜をひと皿に盛り込んだ、絶品パスタのランチ。

おもてなしのときは、いろいろな料理をつくりたくなるもの。

ついはりきって、ボリュームのある肉料理や魚料理を考えてしまいがちですが、お昼にはちょっと重たいかも……。

そんなときのために、野菜を中心にしたひとくちでいただけるような前菜をいろいろ用意して、おもてなしのコースを組み立ててみました。

スープを小さなグラスに入れたり野菜をうつわに見立ててみたり。
メインは季節の野菜をうつわに見立ててみたり。
旬の味が凝縮された、絶品のひと皿です。

Menu

- りんごとゴルゴンゾーラのカナッペ

- ひとくちキャロットスープ

- 野菜のボート3種
  きゅうり×ごまみそペースト
  セロリ×アンチョビチーズペースト
  チコリ×ツナペースト

- ほたてのタルタル サーモン包み

- 春野菜のパスタ

Pasta Lunch

ひとくち キャロットスープ 🍲

小さなグラスでいただく、冷たいスープです。
おもてなしには、少しぜいたくに生うにをつかって。

材料（4人分、1人分50cc）
にんじん（薄切り）...... 1/2本
玉ねぎ（薄切り）...... 1/4個
バター 15g
A ｜ 水 120cc
　｜ チキンブイヨン 1個
　｜ ローリエ 1枚
ごはん 40g
生クリーム 20cc
生うに 8粒
セルフィーユ ...... 適量

つくり方
❶ 玉ねぎは、しんなりするまでバターで炒める。にんじんも入れて、バターが全体にまわるまで炒め、Aを入れる。沸騰したらごはんを入れて弱火で煮て、雑炊のようになったら火を止め、ローリエを取り出す。
❷ ①の粗熱がとれたら、ブレンダーやハンドミキサーなどでなめらかにし、冷蔵庫で冷やす。
❸ ②をグラスに注ぎ分ける。さらに生クリームを注ぎ、生うにとセルフィーユを飾る。

りんごとゴルゴンゾーラ のカナッペ

りんごの上に、ゴルゴンゾーラとはちみつ。
この組み合わせが、おいしさのカギ。

材料（10個分）
りんご 1/4個
くるみ 10粒
ゴルゴンゾーラチーズ 20g
はちみつ 大さじ3

つくり方
❶ りんごはいちょう形に切り、変色しないように塩水（分量外）に漬ける。
❷ ①のりんごの水分を軽くふき、ゴルゴンゾーラチーズ、はちみつをのせる。上にくるみを飾る。

＊はちみつは、乳白色のクリーム状のものがおすすめ。脇から流れ出たり、水っぽくなったりしません。

野菜のボート 3種

おぼえておくと、なにかと使える3種類のペーストを
野菜にのせて味わいます。

きゅうり×ごまみそペースト

材料（つくりやすい分量）
- きゅうり …… 適量
- ごまみそペースト
  - にんにく …… 1片
  - みそ …… 大さじ1
  - マヨネーズ …… 大さじ4
  - 炒りごま（白）…… 大さじ1
  - すりごま（白）…… 大さじ1
  - ごま油 …… 小さじ1
- あさつき …… 適量

つくり方
❶ ごまみそペーストの材料のうち、にんにくは薄皮ごと電子レンジに入れ、様子を見ながら1分前後加熱し、薄皮をむいてつぶす。残りの材料と合わせて、よく混ぜる。Ⓟ
❷ きゅうりは5等分に切り、さらに縦半分に切る。両端を残して、たねの部分をくり抜く。みぞに①のペーストをのせ、きざんだあさつきを飾る。

セロリ×アンチョビチーズペースト

材料（つくりやすい分量）
- セロリ …… 適量
- アンチョビチーズペースト
  - アンチョビ（細かくきざむ）…… 15g
  - クリームチーズ …… 100g
  - にんにく（みじん切り）…… 1片
  - EVオリーブオイル …… 大さじ1

つくり方
❶ アンチョビチーズペーストをつくる。にんにくをEVオリーブオイルで炒め、香りが出たらアンチョビのみじん切りを入れて炒める。アンチョビがチリチリになったら火を止め、別のボウルでクリームチーズと和える。Ⓟ
❷ セロリはすじをとって3cm長さに切る。お皿にすわりがいいように、底になる部分を薄くそぎおとす。みぞに①のペーストをのせる。

チコリ×ツナペースト

材料（つくりやすい分量）
- チコリの葉 …… 適量
- ツナペースト
  - ツナ …… 小1缶
  - マヨネーズ …… 大さじ1
  - 塩・こしょう …… 少々
- トッピング
  - カレー粉 …… 適量
  - パプリカパウダー …… 適量
  - 乾燥パセリ …… 適量

つくり方
❶ ツナペーストの材料を、ブレンダーやハンドミキサーでなめらかになるまで混ぜる（ない場合は、すり鉢ですってもよい）。Ⓟ
❷ ①をチコリの葉にのせる。カレー粉、パプリカパウダー、乾燥パセリをトッピングする。

＊ペーストはビニール袋に入れて、角の部分を切ってしぼり出しましょう。そのままビニール袋に入れて保存しておけば、空気に触れないのでいたみにくいという利点も。
＊残ったらサンドイッチの具などに使って。

Pasta Lunch

ほたてのタルタル
サーモン包み

そのまま食べてもおいしいほたてのタルタル。
サーモンといっしょに口の中でほどける瞬間を味わって。

材料（4人分）
ほたて（刺身用）...... 4個
スモークサーモン 8枚
A｜イタリアンパセリ（みじん切り）...... 適量
　｜EVオリーブオイル 大さじ1/2
　｜レモン汁 小さじ1/2
　｜塩 ...... 少々
ソース｜卵黄 1個分
　　　｜マヨネーズ 大さじ1
　　　｜EVオリーブオイル 大さじ1
　　　｜塩 ...... 少々
飾り用のイタリアンパセリ（みじん切り）...... 適量

つくり方
❶ ほたてを細かくきざみ、Aを加えて混ぜる。
❷ スモークサーモンに❶をのせて巻く。
❸ ソースの材料を混ぜ合わせて皿にひろげ、❷をのせ、イタリアンパセリを散らす。

a ほたてのタルタルは、4等分しておく。b,c スモークサーモンを横に2枚並べて端にタルタルをのせ巻いていく。

春野菜のパスタ

ひと皿で旬の味をたのしめるパスタ。面倒なときは、たけのこを入れなくてもかまいません。季節ごとに野菜を変えてみて。

材料（4人分）

- パスタ（1.7mm）...... 240g
- 具
  - たけのこ（小ぶりのもの。ゆでておく）...... 1本
  - アスパラガス 5本
  - ズッキーニ（黄・緑）...... 各1/2本
  - さとうざや 20本
  - たらの芽 8個
  - そらまめ 8さや
- にんにく（つぶしたもの）...... 1片
- タカの爪 1本
- アンチョビ（細かくきざんでおく）...... 15g
- EVオリーブオイル 大さじ2
- パルミジャーノ ...... 適量

つくり方

❶ 具の下準備をする。たけのこ、アスパラガスは食べやすい大きさに切る。ズッキーニは1cm厚さに切る。さとうざやはすじをとる。たらの芽は固い部分を切り落とす。そらまめはさやから出して皮をむく。
❷ 熱湯に、水の量の1％の塩（分量外）を入れてパスタをゆでる。フライパンに、EVオリーブオイル、にんにく、タカの爪を入れて火にかけ、香りが出たらアンチョビを炒める。アンチョビがチリチリしてきたら、たけのこ、アスパラガス、ズッキーニを加えて炒める。
❸ パスタのゆであがり3分前になったら、パスタ鍋にさとうざやを入れ、1分前にたらの芽とそらまめを入れてゆで、ざるにあげて水分をきる。
❹ ②のフライパンに③を加えて炒め合わせ、パスタが固い場合は、ゆで汁（塩分が足りないとき）または湯（塩分が十分なとき）を加えて調整する。
❺ 皿に盛り、おろしたてのパルミジャーノをかける。

＊パスタはアルデンテに仕上げるために、パッケージに表示されている時間よりも2分ほど短くゆでてください。

たけのこの下ごしらえ Ⓟ

用意するもの

- たけのこ 1本
- 米ぬか ...... ひとつかみ
- タカの爪 ...... 1〜2本

ゆで方

❶ たけのこは洗って根元を少し切り、穂先を斜めに切り落とす。縦に切り目を入れて、熱のとおりをよくする。
❷ 鍋にたけのこ、たっぷりの水（分量外）、米ぬか、タカの爪を入れて火にかける。沸騰したら弱火にして落としぶたをのせ、弱火で1時間ほどゆでる。竹串がスーッと通るくらいになったら、火を止める。ゆで汁に漬けたまま冷ます。
❸ 冷めたら、きれいに米ぬかを洗い流す。根元から皮をくるりとむき、最後に姫皮の先の固い部分を切り落とす。水に漬けて、冷蔵庫で保存する。

a 穂先を斜めに切り落としてからゆでる。b 縦にも切り目を入れると、熱のとおりがよくなる。c ゆでたたけのこは、このくらいまで皮をむく。d 姫皮の先の固くておいしくない部分は切る。やわらかい部分はお吸いものなどにして。

Pasta Lunch

Column 1

電子レンジでつくれる すごくかんたん「乾燥ハーブ」。

空きビンなどの密閉容器に入れて、長期保存する場合は冷凍庫へ。料理のトッピングだけでなく、ドレッシングに入れてもおいしい。

a 加熱前のパセリひと束ぶん（約70g）。b 15分加熱すると量が減って、こんなにカラカラに。c ビニール袋に入れて、手でもむと細かくなります。できあがりは約10g。

ハーブをひと束買っても、ちょっとだけ使って、余らせてしまうことって多いですよね。冷蔵庫に入れっぱなしでダメにするのはもったいない。すぐに使うあてのないときは、早めに電子レンジでカラカラにして、「乾燥ハーブ」にするのがおすすめです。

では、「パセリ」を例に、つくり方を説明しましょう。耐熱皿に厚手のクッキングペーパーを敷き、そこに茎を取り除いたパセリひと束ぶん（約70グラム）をのせ、ラップをかけずに電子レンジで15分ほど加熱します。水分がとんでカラカラに乾燥したものが冷めたら、ビニール袋に入れて、手でもんで細かくするだけ。ひと束から、だいたい10グラムほどの乾燥パセリができます。野菜のボート（10ページ）で使っている「乾燥パセリ」もこの方法でつくりました。加熱時間はハーブの種類や量によって変わるので、あくまでも目安。様子を見ながら調整してください。

バジルやローズマリーなどの定番ハーブのほか、梅干しを漬けた赤じそをこのやり方で乾燥させれば、「ゆかり」もつくれます。

Lesson 2
Asian Lunch

ランチでアジアのごはん、いろいろ。

いろいろなアジアの国の "おいしいとこ取り" でランチを。

わたしの料理には、その年ごとに「ブーム」があります。
そのなかから定番となったメニューは、気がつくとアジアンテイストのものが多いのです。
そんな料理を集めたら、ランチのおもてなしコースができました。
いろいろな国の料理を並べても、アジアというくくりのなかでメニューを組み立ててみると雰囲気がまとまるから不思議。
食べやすさも考えながら、れんげを使ったり、串で打ったり、盛りつけにはひと工夫します。

menu

● アジアのひとくち前菜
　海老のスイートチリソースマリネ
　ししゃもの変わり揚げ
　ピータン豆腐
　鴨の冷製　ゆずこしょう風味
　きゅうりのごま酢和え
　北京ダック風　カリカリワンタンロール

● 温野菜のピーナッツバター・ディップ

● わかめと春菊の韓国風サラダ

● ユッケ風の鉄火丼

● 冷やしとろろ汁

Asian Lunch

17

アジアのひとくち前菜

大皿に盛ったり、ざっくりしたイメージのアジアの料理。
小さな前菜にして、少しずついろんな味をたのしんで。

ししゃもの変わり揚げ

ワンタンの皮と天ぷら衣をまとわせて香ばしく。
大葉も香って、ビールのつまみにぴったりです。

材料（8個分）
　ししゃも …… 8尾
　大葉 …… 8枚
　ワンタンの皮 …… 8枚
　天ぷら衣｜天ぷら粉 …… 大さじ3
　　　　　｜水 …… 大さじ5
　揚げ油 …… 適量

つくり方
❶ ワンタンの皮に大葉、ししゃもをのせて巻く。巻き終わりは、小麦粉（分量外）を水少々で溶いたのりで留める。
❷ ①に天ぷら衣を薄くつけ、中温の油できつね色になるまで揚げる。

海老のスイートチリソースマリネ

スイートチリソースをベースにしたタレに
漬け込むだけ。パクチー好きにはたまらないはず。

材料（8本分）
　海老 …… 8尾
　タレ｜スイートチリソース …… 大さじ2
　　　｜ナムプラー …… 小さじ1
　　　｜パクチーの茎（みじん切り）…… 小さじ1
　パクチーの葉（飾り用）…… 適量

つくり方
❶ 海老は殻をむき、塩（分量外）でよくもんで、流水で洗い流して水気をきる。800ccに対して小さじ1の塩（分量外）を入れた湯で、サッとゆでる。
❷ タレの材料を合わせて、①の海老を半日ほど漬け込む。味がしみたら竹串にさし、パクチーの葉を飾る。

Asian Lunch

鴨の冷製 ゆずこしょう風味

鴨の旨味とゆずこしょうの風味は、相性ばつぐん。
白髪ねぎといっしょに食べると、さらにおいしい。

材料（つくりやすい分量）
鴨胸肉 1枚
塩・こしょう ...... 少々
A｜ゆずこしょう 小さじ1
　｜めんつゆ（3倍希釈タイプ）...... 大さじ1
　｜水 大さじ2
白髪ねぎ ...... 適量

つくり方
❶ 塩・こしょうをふった鴨をAに漬け、30分ほどおいて味をなじませる。
❷ フライパンを火にかけ、油をひかずに皮目から焼く。皮がこんがり焼けたら、ひっくり返し、もう一方の面も焼く。
❸ 残った①の漬け汁を入れてふたをし、弱火にする。5分ほどたったら、火を止める。冷めるまでそのままにしておき、余熱で火をとおす。
❹ 冷めたら5mm厚さにスライスして、白髪ねぎをのせる。

＊自家製ゆずこしょう（つくり方は24ページ）を使うと、さらに香りよく仕上がります。

ピータン豆腐

香ばしく熱した油をジュッとまわしかけるのがミソ。
ほんのひと手間で味がまとまります。

材料（つくりやすい分量）
うずらのピータン 10個
絹ごし豆腐 ...... 1丁（300g）
長ねぎ（小口切り）...... 1/2本
サラダ油 大さじ2
塩 小さじ1/2
パクチー ...... 適量

つくり方
❶ 豆腐に厚手のクッキングペーパーを巻いて30分おき、軽く水気をきる。
❷ ボウルに豆腐を入れ、長ねぎ、細かく切ったうずらのピータンを入れる。
❸ 鍋にサラダ油を入れて火にかけ、煙が出るくらいまで熱して、②にジュッとまわしかける。軽く混ぜ合わせて、塩で味をととのえる。うつわに盛り、パクチーをトッピングする。

＊手に入れば「うずらのピータン」がおすすめ。黄身の割合が多いのでまろやかな味になり、少量でも手軽につくれます。中華食材店、インターネット通販などで買えます。

北京ダック風
カリカリワンタンロール

食べた人はみんな驚く、「精進」北京ダック。ホイルに
包むのは、食べるまでに乾かないようにするひと工夫。

材料（10本分）
　カオヤーピン（市販）...... 10枚
　ワンタンの皮 15枚
　きゅうり（せん切り）...... 1本
　白髪ねぎ 1/2本ぶん
　テンメンジャン 大さじ1
　揚げ油 ...... 適量

つくり方
❶ ワンタンの皮は細切りにして、油できつね色に揚げる。
油をきって、ボウルに入れてつぶす。🅟
❷ カオヤーピンを蒸す。
❸ ②のカオヤーピンを広げてテンメンジャンを小さじ1/3
程度塗り、①のワンタン、きゅうり、白髪ねぎをのせて巻
き、ホイルで包む。

＊「カオヤーピン」とは、北京ダックの皮のこと。中華食
材店やインターネット通販で手に入ります。問い合わせ先
は96ページをご覧ください。

きゅうりのごま酢和え

箸休めにぴったりのさっぱりした和えもの。
すりごまでコクが出て、酢のものが苦手な人にも好評。

材料（4人分）
　きゅうり 2本
　塩 小さじ1/2
　A｜砂糖・薄口しょうゆ 各小さじ1
　　｜穀物酢 大さじ1
　すりごま（白）...... 大さじ2

つくり方
❶ きゅうりは薄い小口切りにして、塩でもんでしばらく
おく。
❷ 水が出てきたらしっかりしぼって、Aで味をつけ、すり
ごまを加えて和える。

温野菜のピーナッツバター・ディップ

和の調味料とも意外な相性のよさのピーナッツバター。
ねりごまを使うよりも、濃厚でコクのあるディップに。

材料（4人分）
ブロッコリー 1株
オクラ 8本
アスパラガス 4本
そらまめ 8さや
スナップえんどう 12本
ピーナッツディップ
　ピーナッツバター 120g
　めんつゆ（ストレートタイプ）...... 大さじ6

つくり方
❶ 野菜はすべて好みの固さにゆでる。
❷ ピーナッツバターにめんつゆを少しずつ加えてのばしていく。①の野菜に添える。

わかめと春菊の韓国風サラダ

春菊はゆでずに、サッと熱湯をまわしかけるだけ。
香りが立って歯ごたえが残り、野菜のもっている味もいきます。

材料（4人分）
　　春菊 …… 1束
　　塩蔵わかめ …… 70g
　　長ねぎ（斜め薄切り）…… 1/2本
　　ドレッシング｜ごま油 …… 大さじ3
　　　　　　　　｜しょうゆ …… 大さじ2
　　　　　　　　｜穀物酢 …… 大さじ1
　　　　　　　　｜砂糖 …… 小さじ2
　　　　　　　　｜中華スープ …… 50cc
　　韓国のり・炒りごま（白）…… 各適量

つくり方
❶ 春菊は葉をつまんでざるに入れ、熱湯をまわしかけ、冷水にとる。水気をしぼり、食べやすい長さに切る。
❷ 塩蔵わかめは戻して水気をしぼり、食べやすく切る。
❸ ①と②、長ねぎをドレッシングで和える。うつわに盛り、韓国のりと炒りごまをたっぷりのせる。

＊中華スープは、顆粒またはペーストタイプの鶏がらスープを溶いたものを使って。

春菊の葉に、熱湯をサッとまわしかけて火をとおす。ゆでるよりも香りが立って、歯ごたえもよい。

ユッケ風の鉄火丼

ごま油のきいた、ねっとりとしたまぐろは
「また食べたい」と思わせる味。卵黄をからめながら
食べるところが、ユッケ風です。

材料(4人分)
　ごはん …… 茶碗4杯分
　まぐろの赤身 …… 20きれ
　タレ｜しょうゆ・ごま油 …… 各大さじ2
　万能ねぎ(小口切り) …… 適量
　卵黄 …… 4個
　韓国のり・松の実 …… 各適量

つくり方
① まぐろは20分ほどタレにひたしておく。
② 丼にごはんをよそい、①のまぐろをのせる。万能ねぎを散らし、真ん中に卵黄をのせる。ちぎった韓国のりと松の実を散らす。

冷やしとろろ汁

うんと冷えたものがおいしい。だから、コツはひとつ。
前もってだしを十分に冷やしておくことです。

材料(4人分)
　だし …… 600cc
　薄口しょうゆ …… 大さじ3
　長いものすりおろし …… 200cc
　青のり …… 適量

つくり方
① だしをとって冷やしておく。 🅟
② 青のり以外の材料をすべて混ぜ合わせる。
③ うつわに注ぎ分け、青のりをのせる。

Column 2
「自家製ゆずこしょう」と 種でつくる「ゆずローション」。

ゆずが好きです。この本にも、ちょこちょことゆずを使ったレシピが登場していますが、ゆずがあるとないとでは、わたしの和食人生はまったく違うと断言してしまうほど。とはいっても、市販の「ゆずこしょう」は塩辛いうえにゆずの香りがあまりしなくて、もの足りないと思っていました。でも、自分でつくってみたら塩分もおさえられるし、ちゃんとゆずが香って、すごくおいしい。ゆずこしょうへの見方が変わりました。

青いゆずは出回る時期が短いので、わたしは黄色いゆずを使います。黄ゆずに は赤唐辛子を合わせますが、これも時期が短いため、赤ピーマンとタカの爪で代用。材料がそろったら、ぜんぶをみじん切りにして塩を足し、石臼やすり鉢でごりごりとすり混ぜるだけ。二度目からは、塩分を増減したり、辛いものが好きな人はタカの爪を増やしたり、好みの味にアレンジしてください。

さて、こんなふうにしてゆずをいろいろな料理に使っていると、種がいっぱい出てきます。ビンに入れて、においのない焼酎をひたひたに注ぎ、ときどきふって中を混ぜます。そうすると、4、5日 でぷるぷるのゆずローションができます。料理の最中でも安心して使えるハンドクリームとして重宝します。

ゆずこしょうのできあがり。小分けにして冷凍できます。

ゆずこしょうの材料
- 黄ゆずの皮（みじん切り）...... 1個ぶん
- 赤ピーマン（みじん切り）...... 20g
- タカの爪（戻してみじん切り）...... 10本
- 塩 小さじ2/3

a 材料はすべてみじん切りに。b 石臼（なければすり鉢でよい）にすべての材料を入れて、すり混ぜていきます。材料が混ざり合って細かくなったらできあがり。

ゆずローション。減ってきたら、また新たに出た種と焼酎をつぎ足します。

Lesson 3
Japanese Dinner

だれにでもよろこばれる、しみじみ和のこんだて。

たっぷりのかつお節を使った和食は、なによりのごちそうです。

たとえば、家族や親戚を招くとき。どんな年齢の方にでもよろこんでもらえるのは、あれこれ奇をてらった料理よりも、やっぱり定番の和食。

たっぷりのかつお節でとっただしを使った料理は、しみじみ「おいしい」と言ってもらえる味です。

「卵の花」や「おひたし」など、いつものメニューも、ひとつひとつがおいしければ、おもてなしとして十分。

「牡蠣とごぼうの炊き込みごはん」は炊きたてを土鍋ごと食卓に運んで。ふたを開けたときにたちのぼる、いい香りもごちそうです。

Menu

- ほうれん草としめじのおひたし
- 根菜たっぷりの卯の花
- 白身魚の和風カルパッチョ
- 銀だらの粕漬け
- 揚げなすの豚肉巻き
- 牡蠣とごぼうの炊き込みごはん
- 大根おろしのかきたまみそ汁
- きゅうりの洋がらし漬け

Japanese Dinner

ほうれん草としめじのおひたし

しめじから出た汁もいっしょに和えること、
ゆでたほうれん草を切ってから、
さらに水気をしぼることが、おいしく仕上げるコツ。

材料(4人分)
　ほうれん草 …… 1束
　しめじ …… 1パック
　酒 …… 大さじ2
　めんつゆ(3倍希釈タイプ) …… 大さじ2
　ゆずの皮(せん切り) …… 小さじ2
　炒りごま(白) …… 小さじ1

つくり方
❶ しめじは小房に分けて耐熱皿にならべ、酒をふりかけてラップをかけ、電子レンジで2分ほど加熱する。
❷ ほうれん草はゆでて水気をしぼり、ひとくち大に切る。切ってからもう一度しぼる。
❸ ①を汁ごと②とあわせ、めんつゆで味つけする。うつわに盛り、ゆずの皮を散らして、炒りごまをふりかける。

根菜たっぷりの卯の花

だしの旨味をたっぷりふくんだ卯の花。3～4日は
日もちするので、多めにつくって常備菜にして。
食べきれないときは冷凍できます。

材料(つくりやすい分量)
　おから …… 250g
　具 ｜ ごぼう …… 1/2本
　　　｜ れんこん …… 200g
　　　｜ にんじん …… 1本
　　　｜ 干ししいたけ(戻しておく) …… 3枚
　　　｜ 油揚げ(油抜きしておく) …… 2枚
　　　｜ 鶏ささみ肉 …… 3本
　　　｜ 長ねぎ …… 1本
　サラダ油 …… 大さじ3
　A ｜ 酒・みりん・薄口しょうゆ …… 各大さじ3
　　 ｜ だし …… 400cc
　ごま油 …… 小さじ2

つくり方
❶ 具を下準備する。ごぼうはささがきにして水にさらし、水気をきる。れんこんは薄いいちょう切りにして水にさらし、水気をきる。にんじん、干ししいたけ、油揚げは細く切る。鶏ささみ肉は細かくきざむ。長ねぎは小口切りにする。
❷ フライパンにサラダ油を入れて熱し、長ねぎ以外の①を炒める。全体に油がまわったら、おからを加えてさらに炒め、Aを加える。汁気がなくなる直前まで中火で炒り煮にする。
❸ ②に長ねぎを加えて炒め、汁気がなくなったら仕上げにごま油をまわしかけ、火を止める。

白身魚の和風カルパッチョ

薬味をたっぷりのせて、ぽん酢をかけるだけ。
大きめのお皿に盛りつけると、ごちそう感が増します。

材料（4人分）
　鯛 …… 1さく
　すりごま（白）…… 大さじ1
　みょうが …… 1本
　大葉 …… 5〜10枚
　あさつき …… 適量
　ぽん酢 …… 適量

つくり方
❶ 鯛は薄いそぎ切りにして、平皿にならべていく。
❷ ①の上にすりごまをふりかけ、きざんだみょうが、大葉、あさつきをたっぷりのせる。
❸ いただく直前に、ぽん酢をかける。

銀だらの粕漬け

グリルで焼くとみそが焦げやすいので、フライパンにオーブンペーパーを敷いて焼く方法がおすすめ。

材料（4人分）
　　銀だら …… 4切れ
　　粕床｜酒粕・みそ・みりん …… 各250g

つくり方
❶ 粕床の材料をよく混ぜ合わせ、半量を保存容器に入れる。厚手のクッキングペーパーをしいて銀だらをのせ、ふたたびクッキングペーパーをかぶせて、残りの粕床で覆う。冷蔵庫で3〜4日間漬け込む。🅟

❷ フライパンにオーブンペーパーを敷き、はみ出した角の部分にガスの火がうつらないようにはさみで切る。銀だらをのせて、ふたをしてごく弱火で約8分間焼く。裏返したらまたふたをして、約7分間焼く。

＊さわら、たら、鮭、赤魚、かれいなど、ほかの魚でもおいしくできます。
＊粕床は4〜5回は使えます。水分が出てきたら、そのつど捨てるようにして。

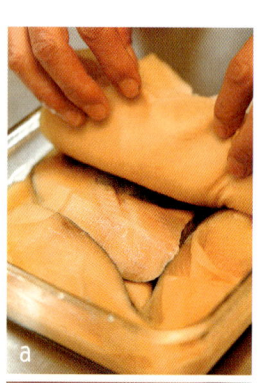

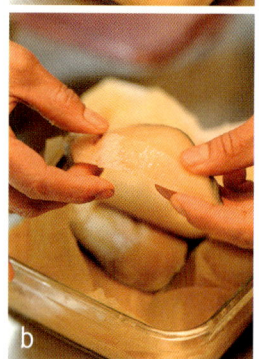

a 粕床に漬けているときは、クッキングペーパーの間に銀だらをはさんだ状態に。b 漬かった銀だら。洗わずにそのまま焼く。

揚げなすの豚肉巻き

こっくり味のしみこんだなすと長いものシャキシャキ感。味と食感が重なり合うおいしさ。

材料（4人分）
豚ロース肉
　（しゃぶしゃぶ用）……8枚
ぽん酢……大さじ1と1/2
なす……1本
揚げ油……適量
A｜おろししょうが……大さじ1/2
　｜めんつゆ
　｜（3倍希釈タイプ）…大さじ1
大葉……8枚
長いも（せん切り）……50g

つくり方
❶ 豚ロース肉はサッとゆでてざるにあげ、水気をきる。バットに並べて、ぽん酢をふりかけ、まんべんなく味をふくませる。
❷ なすは横半分に切り、それぞれ縦に4等分する。高温の油で揚げ、Aをからめておく。
❸ ①の豚ロース肉を広げ大葉をのせ、②のなすと長いもをのせて巻く。半分に切って盛りつける。

a 揚げなすに味をからめる。b 豚ロース肉の上に大葉、揚げなす、長いもをのせる。c 端から巻いていく。

大根おろしの
かきたまみそ汁

あまった大根の切れ端が活躍する、我が家の
人気メニュー。この旨みは、おろした大根ならでは。

材料 (4人分)
　だし 800cc
　みそ ...... 大さじ3〜4
　A ｜ 大根おろし ...... 4〜5cmぶん
　　 ｜ 卵 1個
　みつば ...... 適量

つくり方
❶ だしを沸騰させ、みそを溶く。
❷ Aを混ぜ合わせ、煮立たせた①に流し入れる。うつわに分け、きざんだみつばを飾る。

きゅうりの洋がらし漬け

ポリッ、パリッ。小気味よい歯ごたえの浅漬けです。
サラダ感覚で食べられるから、たくさん漬けて損はなし。

材料 (つくりやすい分量)
　きゅうり 6本
　A ｜ 砂糖 大さじ5
　　 ｜ 塩 大さじ1
　　 ｜ 洋がらし粉 小さじ2

つくり方
❶ きゅうりは洗って、縦縞になるようにピーラーで皮をむき、1本を4等分する。
❷ ①をビニール袋に入れ、Aを加えてよくもむ。重石をして、半日間ねかせる。途中で味見をして、塩が薄ければ足す。
❸ 漬かったらざるにあけ、流水でサッと洗っていただく。

牡蠣とごぼうの炊き込みごはん

牡蠣とごぼうは、たがいに引き立て合う組み合わせ。
土鍋で炊くとおこげの味がたのしめますが、炊飯器でもつくれます。

材料（4〜5人分）
- 牡蠣 …… 20個
- ごぼう …… 1/3本
- 米 …… 3合
- A ┃ だし …… 450cc
  ┃ 薄口しょうゆ …… 大さじ3
  ┃ 酒・みりん・サラダ油 …… 各大さじ1
- 針しょうが …… 適量
- あさつき …… 適量

つくり方
❶ 米はといでざるにあげ、水気をきっておく。ごぼうはささがきにして、水にさらす。牡蠣は塩（分量外）で洗い、水気をきる。
❷ 炊飯用の土鍋に、米、Aを入れる。水気をきったごぼうと牡蠣を上にのせて、ふつうの米と同じように炊きあげる。
❸ 茶碗によそって、針しょうがとあさつきを添える。

＊炊飯器で炊く場合は、Aのだしを360cc、薄口しょうゆを大さじ2に減らしてください。

Column 3

うつわとの出合いは一期一会。
少しずつ買いそろえて。

角度によっていろんな表情を見せてくれるうつわです。青みがかった白い色は、冷たい印象になりそうなのに、ぬくもり感があるところも気に入っています。

なにを盛っても映える。触ったときの感じも、ただただ眺めているのも好き——そのくらい気に入っているうつわがあります。それが写真の中鉢。28ページの「ほうれん草としめじのおひたし」にも登場したうつわです。これは10年ほど前、九段下の「花田」さんで買い求めたものですが、とても気に入ったので、作家さんにお願いして同じものをつくっていただき、親しい人たちへの贈り物にもしてしまったほどです。撮影などで使っても、これだけは自分で洗って、自分でしまいます。

わたしは旅に出ても、うつわを買ってきてしまいます。とくに海外では、日本では見かけないようなデザインのものがあったり、ケータリングに使えるとても大きなサイズのものが安かったり。重さや大きさのことなど考えずに、欲しいものがあると買ってしまうので、持ち帰るのに苦労することも。

気に入ったうつわに出合ったら、値段や置き場所などでためらわずに、少しずつ買いそろえることを、アシスタントにもすすめています。そうしていくうちに、料理のたのしみも広がるはずです。

34

Lesson 4
Wine Party
ワインがすすむ、とっておきメニュー。

ゆっくりワインをたのしみたいから、オーブンを活躍させます。

ワイン好きが集まるとき、まずテーブルにならべるのは、気軽につまめるもの。お皿が空いてきたら、冷蔵庫に準備しておいたカルパッチョやサラダ、ピンチョスをお出ししますが、その間は、オーブンをフル稼働させます。

火のそばについていなくてもいいので、わたしもゲストといっしょにおしゃべりしながら、のんびりワインと食事をたのしめるから。キッチンからグラタンの焼けるにおいがただよってくるのもいい感じ。

そして、オーブンは休む間もなく、ローストチキンへと選手交代。こんがりいい色に焼けたおこわ入りのチキンはワインパーティーのしめくくりにぴったり。

Menu

- プロシュート巻き3種
    - グリッシーニに巻いて
    - フルーツに巻いて
    - カマンベールチーズに巻いて

- フィンガーフード、いろいろ
    - かにとアボカドのディップ クラッカー添え
    - うにとクレソンのカナッペ
    - いくらとたまごのプチパイ

- ほたてのカルパッチョ キウイソース

- 海老と黒オリーブのピンチョス

- きのこ三昧 サラダ仕立て

- じゃがいもとアンチョビのグラタン

- おこわ入りのローストチキン

Wine Party

プロシュート巻き 3種

「プロシュート」は、北イタリアのパルマでつくられるおいしい生ハム。
具材の組み合わせを考えるのも、たのしいひととき。

グリッシーニに巻いて

材料（4本分）
 プロシュート …… 2枚
 グリッシーニ …… 4本
 バジル …… 2枚

つくり方
❶ プロシュート1枚を縦半分に細長く切り、ちぎったバジルの葉をのせて、グリッシーニに巻きつける。

フルーツに巻いて

材料（8個分）
 プロシュート …… 2枚
 マンゴー …… 1/2個
 （洋梨やびわでもおいしい）
 ゴルゴンゾーラチーズ …… 適量

つくり方
❶ プロシュート1枚を4等分に切り、8等分したマンゴーに好みの量のゴルゴンゾーラチーズをのせて、プロシュートでくるむ。

カマンベールチーズに巻いて

材料（6個分）
 プロシュート …… 2枚
 カマンベールチーズ …… 1個
 ルッコラ …… 6枚

つくり方
❶ プロシュート1枚を3等分に切り、ルッコラをのせ、6等分したカマンベールチーズを巻く。

フィンガーフード、いろいろ

ワインと合わせてちょこちょことつまめるフィンガーフード。
盛り合わせたときの華やかさもごちそうです。

Wine Party

かにとアボカドの
ディップ
クラッカー添え

口の中でぱっとはじける
ピンクペッパーが、かにと
アボカドの味をまとめてくれます。

材料（つくりやすい分量）
かにのほぐし身 60g
アボカド 1個
A｜マヨネーズ 大さじ2
　｜塩・こしょう ...... 少々
　｜レモン汁 小さじ1/3
ピンクペッパー ...... 適量
クラッカー ...... 適量

つくり方
❶ アボカドの果肉をフォークでつぶし、Aを混ぜる。かにのほぐし身を加える。
❷ うつわに詰め、ピンクペッパーを散らし、割ったクラッカーをさす。

＊テーブルに出すまでに時間がかかる場合、容器に入れたら空気に触れないようにぴっちりラップを密着させておくと、変色しにくい。

うにとクレソンの
カナッペ

うにの甘みとクレソンのほろ苦さ。
バターじょうゆで、あとをひく
味になります。

材料（8個分）
うに 40g
クレソン 5本
バター 大さじ1
塩・こしょう ...... 少々
しょうゆ ...... 少々
バゲットのスライス 8枚

つくり方
❶ 食べやすく切ったクレソンをバターでサッと炒め、軽く塩・こしょうをふって火を止める。うにを入れて軽く混ぜ、余熱で火をとおす。しょうゆ少々で香りづけする。
❷ バゲットをオーブントースターなどでカリッと焼き、①をのせる。

いくらとたまごの
プチパイ

味も見た目もアクセントになる
いくら。クラッカーやバゲットの
スライスにのせても。

材料（つくりやすい分量）
いくら ...... 適量
A｜ゆで卵 1個
　｜マヨネーズ ... 大さじ1と1/2
塩・こしょう ...... 少々
プチパイケース（市販）...... 適量
セルフィーユ ...... 適量

つくり方
❶ Aをブレンダーまたはハンドミキサーにかけ、ペーストにする。塩・こしょうで味つけする。Ⓟ
❷ プチパイケースの表面を押して穴をあけ、①を詰める。いくらをのせ、セルフィーユを飾る。

＊プチパイケースの販売店は、96ページをご覧ください。

ほたてのカルパッチョ キウイソース

キウイの甘みとさわやかさは、魚介との相性ばつぐん。
白身魚を使っても、おいしくできます。

材料（4人分）
- ほたて（刺身用）...... 4個
- クレイジーソルト（または塩・こしょう）...... 少々
- キウイソース
  - キウイフルーツ 1個
  - EVオリーブオイル 大さじ2
  - ワインビネガー（白）...... 小さじ1
  - 塩 小さじ1
  - こしょう ...... 少々
- トッピング
  - 松の実 ...... 適量
  - ピンクペッパー ...... 適量
  - セルフィーユ ...... 適量

つくり方
❶ ソースをつくる。キウイフルーツはすりおろし、ほかの材料と混ぜ合わせる。🅿
❷ ほたては5mm厚さにスライスする。両面にクレイジーソルトをふり、お皿に並べる。
❸ ②に①のソースをかけ、トッピングを飾る。好みで、EVオリーブオイル（分量外）を少々まわしかける。

海老と黒オリーブのピンチョス

「ピンチョス」とは、スペイン語で「楊枝」のこと。
串でさした前菜のことを、こう呼びます。

材料（4人分）
海老 …… 8尾
黒オリーブ（種抜き）…… 8個
EVオリーブオイル …… 小さじ2
クレイジーソルト …… 適量

つくり方
❶ 海老は殻をむいて背わたを取り、水800ccに対して塩小さじ1（分量外）を入れた湯でゆでる。ざるにあげて水気をきり、オリーブオイルをかけ、クレイジーソルトで味をととのえる。
❷ ①の海老と黒オリーブを串で打つ。

＊写真の台座は、オアシス（花屋さんで買えます）に水をふくませてパセリをさしたもの。ここでは、「マイクロトマト」を散らしてみました。

きのこ三昧　サラダ仕立て

旨味がぎゅーっと凝縮されたきのこに、おろしたてのパルミジャーノをかけて、
みずみずしい葉野菜をたっぷりいただくサラダです。

材料（4人分）
- まいたけ・エリンギ・しめじ …… 各1パック
- えのきだけ …… 1袋
- EVオリーブオイル …… 大さじ3
- にんにく（みじん切り）…… 1片
- A
  - クレイジーソルト（または塩・こしょう）…… 少々
  - しょうゆ …… 小さじ1
- 好みの葉野菜 …… 適量
- パルミジャーノ …… 適量

つくり方
1. きのこはすべて石づきを落とす。まいたけとエリンギは手で細かく裂き、しめじとえのきだけは細かくほぐす。
2. フライパンにEVオリーブオイルとにんにくを入れ、火にかける。香りが出たら①を入れて炒め、しんなりしてきたらAで味つけする。Ⓟ
3. サラダボウルにちぎった葉野菜を盛りつけ、②のきのこをのせ、おろしたてのパルミジャーノをかける。

＊葉野菜は、リーフレタス、水菜、サラダほうれん草などがよく合います。

a 炒める前のきのこは、量がたっぷり。b 炒めてしんなりしてくると、半分以下の量に。

じゃがいもとアンチョビのグラタン

にんにくとアンチョビの風味がきいた、チーズをのせなくても濃厚なグラタン。
幾層にも重なった、あつあつのじゃがいもはやめられない味。

材料（28cmのオーバル型1台分）
じゃがいも 5個
アンチョビ（細かくきざんでおく）...... 25g
バター ...... 適量
EVオリーブオイル 大さじ1
にんにく（みじん切り）...... 1片
生クリーム ...... 1パック（200cc）
牛乳（調整用）...... 適量

つくり方
❶ グラタン皿にバターをぬり、皮をむいてごく薄くスライスしたじゃがいも（水にさらさない）を敷き詰める。
❷ フライパンにEVオリーブオイル、にんにくを入れて火にかける。香りが出たところでアンチョビを加えて、チリチリしてきたら火を止め、生クリームを入れる。①に入れ、ひたひたになるまで牛乳を注ぐ。 P
❸ 200～230℃のオーブンで40～50分程度、表面が色づくまで焼く。

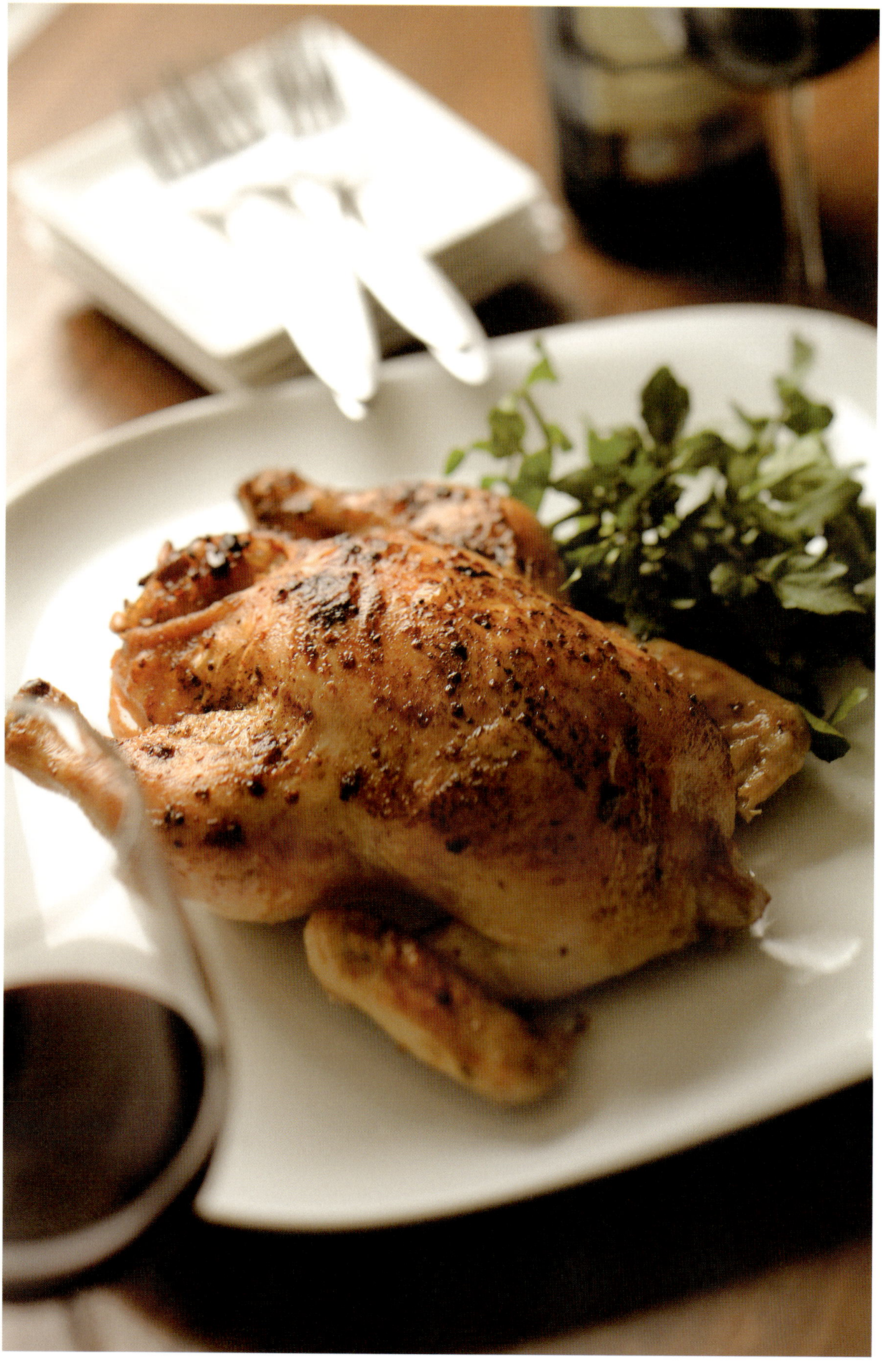

おこわ入りの
ローストチキン

焼いている間にしみ出た肉汁を吸い込んで、
中のおこわもおいしくいただけるローストチキンです。

材料（1羽分）
 小さめの丸鶏（中抜き） …… 1羽
 塩・こしょう …… 各適量
 サラダ油 …… 適量
《おこわ》
 もち米 …… 1合
 干ししいたけ（戻して5mm角に切る）…… 3枚
 にんじん（せん切り）…… 1/4本
 A ｜ 薄口しょうゆ・みりん・酒 …… 各大さじ1
  ｜ 水 …… 100cc
《野菜》
 玉ねぎ …… 2個
 にんじん …… 2本
 セロリ …… 1本

つくり方
❶ おこわを炊く。もち米はとぎ、干ししいたけ、にんじん、Aといっしょに炊飯器で芯が残る程度に炊く。Ⓟ
❷ 天板にオーブンシートを敷き、丸鶏を置く。表面に塩をたっぷりすり込み、こしょうをひく。30分おいて水が出てきたら、キッチンペーパーでふきとる。
❸ ②のおなかに①を詰めて、皮を重ねて閉じ、刷毛でサラダ油を塗る。
❹ ざく切りにした野菜をまわりに並べ、230℃のオーブンで1時間ほど焼く。色づいてきたら、途中4〜5回オーブンを開け、グレイビー（肉と野菜から出た汁）をかけて、色よく焼きあげる。ももの部分に竹串をさして肉汁が澄んでいればできあがり。

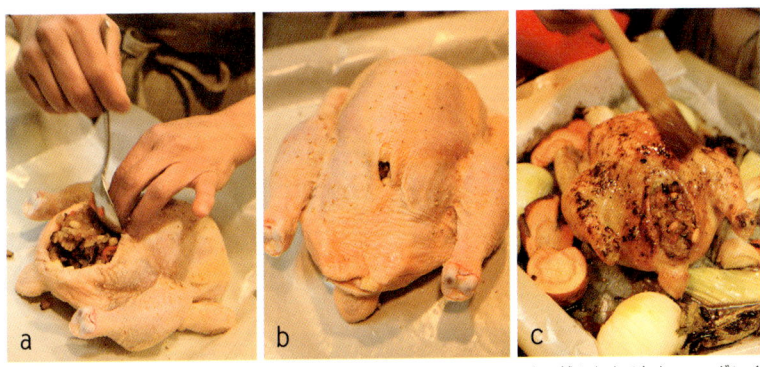

Wine Party

a おなかにおこわを詰める。b 詰め終わったら、皮を重ねて閉じる。たこ糸で縛らなくてもよい。c グレイビーの量が少ないときは刷毛で塗る。

Column 4

わたしの仕事の原点、「ケータリング」。

3月のある日に行われた、企業のパーティーのケータリング。ひと足早い桜をたくさん飾って、春のテーブルを演出しました。

そもそも、わたしが20年ほど前に料理の仕事をはじめる出発点となったのが「ケータリング」でした。今は、フードコーディネーターとして、テレビや書籍、雑誌などの仕事をメインに行っていますが、ときどきはケータリングの仕事もしています。

依頼主の要望はさまざまなので、料理の内容から仕事の段取りまで、そのつど考えなければならないことが山ほど。ときには100人を超えるパーティーの仕込みで、数百尾の海老の殻をむいたり、大鍋で100個近いじゃがいもを一度にゆでたり。もちろん、開始時間に一分たりとも遅れることはできません。お料理はもちろん、それを引き立てるテーブルコーディネートも大切です。

あるとき、テーブルの演出に大きな流木を使いたくて、探したことがありました。でも、売られているものを買おうと思ったら、とんでもない値段！　それでもあきらめきれず、北海道に住む兄に頼んで、釧路の海で大きな流木を3本拾って、持ってきてもらったことがありました。今思えば、海の水をたっぷり吸い込んだ何十キロもある木のかたまりを、よく運んできてくれたものです。

自分の料理を表現すること、パーティーをまとめあげること。大変な仕事ですが、終わったときの達成感が大きいからこそ、続けてこられたのかもしれません。

46

Lesson 5
Treat Table
トリート・テーブルのある日のメニュー。

まずは松花堂に詰めた前菜を。
ふたを開けるまで、中身はおたのしみ。

わたしの料理を食べてもらえる場所があったら——と、去年の秋、キッチンスタジオと食堂を兼ねた小さな空間「トリート・テーブル」を開きました。

撮影の仕事や料理教室のない日には、10人前後の予約制で、おまかせ料理をお出ししています。

あるときは、数種類の前菜を「松花堂弁当」に詰めてテーブルに並べ、ゲストを迎えます。乾杯をして、ふたを開けるまで何が入っているかはおたのしみ。

じつはこうしておくと、料理が映えるだけでなく、ラップをかけなくても乾きません。あとは落ち着いてほかの料理を出す準備ができます。

menu

- 松花堂に前菜を詰めて
    - 鶏そぼろ入り　和風生春巻き
    - プチトマトとモッツァレラチーズのおひたし
    - さんまのしぐれ煮　山椒風味
    - 根菜の黄色いごま和え
    - 砂肝のにんにくじょうゆ漬け
    - もち米しゅうまい
    - にんじんのたらこ和え
    - ししとうの大葉揚げ
    - 豚肉のみつば蒸し

- チン！牡蠣

- 里いものみぞれ煮　ゆず風味

- 牛肉の八角煮　半熟味つけたまご添え

- 冷やしとろとろうどん

Treat Table

松花堂に前菜を詰めて

手間がかかっていそうに見えて、かんたんなものばかり。
ふたを開けたときの、お客さまの歓声もうれしかったり。

鶏そぼろ入り 和風生春巻き

しっかり味のついた鶏そぼろで、タレいらず。
甘酢しょうががアクセントになります。

材料（8本分）
　　ライスペーパー（22cm）...... 8枚
　　鶏ひき肉 120g
　　A｜砂糖・しょうゆ・酒・みりん 各大さじ1
　　大葉 8枚
　　きゅうり（せん切り）...... 1本
　　万能ねぎ（10cm長さに切る）...... 4本
　　甘酢しょうが（せん切り）...... 40g

つくり方
❶ 鶏そぼろをつくる。鶏ひき肉とAの材料を鍋に入れて火にかけ、汁気がなくなるまで炒り煮して、粗熱をとる。Ⓟ
❷ ライスペーパーをぬるま湯に2〜3秒くぐらせて、ぬれぶきんの上にのせ、表面の水分を手のひらでサッとはらう。大葉、きゅうり、万能ねぎ、甘酢しょうが、①の鶏そぼろをのせて巻く。巻き終えたものには、ぬれぶきんをかけておく。
❸ 半分に切って盛りつける。

プチトマトとモッツァレラチーズのおひたし 🍲

じんわりとかつおだしのしみたプチトマトと
モッツァレラチーズ。意外な相性のよさです。

材料（4人分）
　　プチトマト ...... 1パック（15〜20個）
　　モッツァレラチーズ 40g
　　ひたし地｜だし 200cc
　　　　　　｜薄口しょうゆ 大さじ1
　　　　　　｜酒・みりん 各大さじ2と1/2
　　　　　　｜塩 ...... 少々
　　かつお節の糸削り ...... 適量
　　セルフィーユ ...... 適量

つくり方
❶ プチトマトはへたをとり、沸騰したお湯の中に入れ、皮がはじけたら氷水にとって皮をむく。
❷ ひたし地を合わせて、①のプチトマトと5mm角に切ったモッツァレラチーズをひたす。
❸ うつわに②を盛り、かつお節の糸削りとセルフィーユをトッピングする。

さんまのしぐれ煮 山椒風味 🍲

山椒をふると、大人の味に。
圧力鍋を使えば、骨ごと食べられます。

材料(つくりやすい分量)
さんま 5尾
しょうが(せん切り) 70g
A｜砂糖 40g
　｜酒・みりん 各25cc
　｜しょうゆ・水 各50cc
粉山椒 ...... 適量

つくり方
❶ しょうがは⅓を圧力鍋の底にしく。はらわたをとって4等分にしたさんまを入れ、残りのしょうがを上にのせ、Aを入れる。
❷ ①を強火にかけ、圧力鍋のおもりがふれたら弱火で5分加圧する(圧力鍋の種類によって加減してください)。
❸ 圧が抜けたら、ふたを開けて火にかけ、好みの味になるまで煮つめる。盛りつけるときに粉山椒をかける。

＊圧力鍋がない場合は、差し水をしながら、弱火で1時間半ほど煮てください。

根菜の黄色いごま和え 🍲

根菜のきんぴらにかぼちゃを加えたレシピ。
家庭の味のきんぴらでもためしてみて。

材料(つくりやすい分量)
ごぼう(せん切り) 1本
にんじん(せん切り) 1本
れんこん(薄切り) 100g
かぼちゃ(ひとくち大に切る) 170g
ごま油 大さじ2
A｜めんつゆ(3倍希釈タイプ) 大さじ2
　｜酒・みりん 各大さじ1
すりごま(白) 大さじ6

つくり方
❶ かぼちゃは少し水をかけ、やわらかくなるまで電子レンジで加熱しておく。
❷ 根菜をごま油で炒め、Aで味をつける。
❸ ②に①のかぼちゃ、すりごまを加えてよく混ぜる。味が薄いときは、めんつゆを少し足す。

砂肝のにんにくじょうゆ漬け 🍲

つくり方を聞かれる料理ナンバーワン。
4～5日間もつので、常備菜にもなります。

材料（つくりやすい分量）
　砂肝 …… 1パック（6個）
　長ねぎの青い部分 …… 適量
　タレ｜にんにく（スライス）…… 1～2片
　　　｜酒・しょうゆ …… 各100cc
　針しょうが …… 適量

つくり方
❶ 砂肝は流水で洗って脂肪やすじを取り除く。
❷ 沸騰した湯にねぎの青い部分と①を入れ、15分ほどゆでて、水気をきる。熱いうちにタレに漬け込み、数時間味をしみこませる。
❸ 薄く切ってうつわに盛り、好みで針しょうがを飾る。

＊前日につくっておけますが、味がしみこんだらタレからひきあげて。

もち米しゅうまい

干し海老と干し貝柱の旨味、
れんこんともち米の食感のコントラストが味わえます。

材料（36個分）
　もち米 …… 1カップ
　A｜豚ひき肉 …… 250g
　　｜れんこん（粗みじん切り）…… 80g
　　｜干ししいたけ（戻して粗みじん切り）…… 2枚
　　｜干し海老（戻してみじん切り）…… 10g
　　｜干し貝柱（戻して裂く）…… 5個
　　｜しょうが（みじん切り）…… 大さじ1/2
　　｜長ねぎ（みじん切り）…… 大さじ2
　B｜塩 …… 小さじ1
　　｜砂糖 …… 大さじ1/2
　　｜酒・ごま油・片栗粉 …… 各大さじ1

つくり方
❶ もち米は洗って、4～5時間ほど水にひたす。
❷ Aをよく混ぜ合わせる。Bを加えてさらに混ぜる。
❸ 手にサラダ油（分量外）をつけ、②をひとくち大に丸め、水をよくきったもち米をまぶす。蒸し器で15分ほど蒸す。

＊蒸したものは、そのまま冷凍保存できます。

にんじんのたらこ和え

にんじんもたらこも、火をとおしすぎないこと。
そのために、にんじんはできるだけ細く切って。

材料（4人分）
にんじん 1本
たらこ 30g
バター 30g

つくり方
❶ たらこの身を皮からしごき取り、ボウルに入れる。
❷ 極細切りにしたにんじんをバターがからむ程度にサッと炒める。①に入れて和える。

ししとうの大葉揚げ

みその香りをいかした精進揚げ。
しそみそ（74ページ）を詰めてもおいしい。

材料（8個分）
ししとう 16本
大葉 16枚
みそ ...... 適量
天ぷら衣 | 天ぷら粉 大さじ3
　　　　 | 水 大さじ5
揚げ油 ...... 適量

つくり方
❶ ししとうは縦半分に切れ目を入れて種をとりのぞき、小指の先くらいの量みそを詰める。大葉で巻いて、2本をひと組にして楊枝にさす。Ⓟ
❷ 天ぷら衣に①をくぐらせ、中温の油でサッと揚げて、楊枝を引き抜く。

豚肉のみつば蒸し

みつばの風味をいかすために、
豚肉はかならずしゃぶしゃぶ用を使って。

材料（8個分）
豚ロース肉
　（しゃぶしゃぶ用）...... 8枚
根みつば 8本
酒 小さじ1
ぽん酢 ...... 適量
すりごま（白）...... 適量

つくり方
❶ 豚ロース肉を広げ、3〜4cm長さに切った根みつばをのせて巻く。
❷ ①を耐熱皿にのせて酒をふりかけ、蒸し器で豚肉が白くなるまで蒸す（目安は2〜3分）。
❸ 蒸し上がったらぽん酢をかけ、すりごまをふる。

＊電子レンジを使う場合は、ふわっとラップをかけて、様子を見ながら加熱してください。

チン！牡蠣(かき)

みんな口をそろえて「酒蒸しにしたの？」と聞きますが、
じつはそのまま電子レンジでチン！しただけ。
おいしさのポイントは牡蠣の新鮮さです。

材料(4人分)
　殻つきの牡蠣 …… 8個

つくり方
❶ 牡蠣はよく洗って耐熱皿に4個ずつ入れ、ラップをかけずに、電子レンジで5〜6分加熱する。殻が開いたらできあがり。

a 耐熱皿に牡蠣を入れて、電子レンジへ。b 熱がとおると殻が開く。食べやすいようにはずして、テーブルへ出す。

里いものみぞれ煮 ゆず風味

大根おろしをたっぷり入れただしが、ほっこりと揚がった里いもに
よくからんで、ゆずの香りがふわっと立ちのぼります。

材料（4人分）
- 里いも …… 小6個
- 片栗粉 …… 適量
- 揚げ油 …… 適量
- A｜だし …… 300cc
  ｜酒・みりん・薄口しょうゆ …… 各大さじ2
  ｜塩 …… 少々
- 大根おろし（ざるにあげて水分をきったもの）…… 100g
- ゆずの皮（せん切り）…… 小さじ1
- みつば …… 適量

つくり方
① 里いもは皮をむいてひとくち大に切る。耐熱皿に並べてラップをかけ、電子レンジで4〜5分加熱する。
② ①の里いもに片栗粉をまぶして、高温でカラッと揚げる。
③ Aを沸騰させ、大根おろしを入れる。①の里いもを入れて、ひと煮立ちさせる。うつわに盛り、ゆずの皮とみつばを飾る。

a 片栗粉をまぶして揚げた里いも。
b 大根おろしの入っただしの中に入れ、ひと煮立ちさせる。

牛肉の八角煮 半熟味つけたまご添え

ほろほろになるまで煮込んだ、甘辛い牛肉を、
とろとろの黄身にからませてめしあがれ。

材料（4人分）
- 牛すね肉 …… 1kg
- サラダ油 …… 大さじ2
- A
  - 長ねぎ（ぶつ切り）…… 2本
  - にんにく …… 3片
  - しょうが（スライス）…… 1片
  - 砂糖・みりん・酒・しょうゆ・水 …… 各120cc
  - 八角 …… 3〜4個
  - ローリエ …… 3枚
- パクチー …… 適量
- 白髪ねぎ …… 適量
- 卵 …… 4個

つくり方
❶ 牛すね肉は大きめに切り、フライパンにサラダ油をひいて表面を焼く。
❷ ①を圧力鍋に入れ、Aを加えてふたをして強火にかけ、おもりがふれたら弱火で40分加圧する（圧力鍋によって加減してください）。
❸ 圧が抜けたら、好みの味に煮詰める。うつわに盛りつけて、パクチーと白髪ねぎを飾る。

＊圧力鍋がない場合は、ボウルに材料を入れ、蒸し器で2時間半ほど蒸してください。

半熟味つけたまご
❶ 常温の卵と水を鍋に入れて強火にかけ、10分たったら火を止める。水にとって殻をむく。
❷ ジッパー付き保存袋に、八角煮の煮汁を入れ、①の半熟たまごをひたしてひと晩おく。八角煮といっしょに、前日仕込む。

冷やし とろとろうどん

卵白を入れることで、とろとろ、ふわふわ、つるつる。
おなかいっぱいでも食べられます。

材料（4人分）
うどん（細い乾麺）...... 2束（160g）
オクラ（ゆでて薄い小口切り）... 10本
長いも（粗くたたく）...... 160g
昆布の佃煮（細かくきざむ）... 30g
A｜卵白 2個ぶん
　｜めんつゆ（3倍希釈タイプ）
　｜　...... 大さじ2
　｜ごま油 小さじ1
薬味｜大葉（せん切り）...... 適量
　　｜みょうが（小口切り）... 適量
　　｜長ねぎ（小口切り）...... 適量

つくり方
❶ 薬味はすべて水にさらし、ざるにあげて水気をきる。
❷ オクラ、長いも、昆布の佃煮、Aを大きめのボウルに入れる。泡立ってとろとろになるまで、菜箸でよくかき混ぜる。
❸ うどんをゆでて冷水で洗い、氷水でしめる。ざるにあげてしっかり水気をきったら、②に入れてよく混ぜ合わせる。うつわに盛り、①の薬味をのせる。

＊シメに食べるので、麺の分量は少なめにしてあります。

a とろとろの食材に調味料を加える。b 菜箸で混ぜる。大きめのボウルを使ったほうが、混ぜやすい。c とろとろになったら、しっかり水気をきったうどんを入れて。

Column 5
トリート・テーブルができるまで。

フードコーディネーターの仕事をやめて、お店を開こうと思ったのが、「トリート・テーブル」という空間をつくるきっかけでした。

仕事の合間に貸店舗を探し、デザイナーさんと打ち合わせをして、去年の夏から秋にかけて、大忙しの4か月間。「マイペースに仕事を進められたら、娘といっしょに過ごす時間も増やせるだろう」という計画でしたが、やっぱりこれまでの仕事のスタイルを切り替えるのはむずかしかった！　結局、完成したトリート・テーブルは、撮影や料理教室を中心に、依頼があればときどきお店としても営業することに。なんともよくばりなスペースになりました。

どんな目的にも使えるように特注した、一度に14人が座れる大きなステンレスのテーブルが、この空間のシンボル。そんなわけで、このテーブルをトリート・テーブルと名づけました。このテーブルを囲んだお客さんたちからは、「誰かの家でごはんを食べているみたい」と言われることも。まるで自分のダイニングキッチンでおもてなしをしている感じ、そんなくつろげる空間トリート・テーブル。これからどんなふうに変わっていくのか、たのしみです。

ステンレスの機能美と、木のぬくもりを併せ持つ「トリート・テーブル」。シンボルの大きなテーブルの下には、たくさんの食器をしまっておけます。

Lesson 6
Hot Pot

3種の鍋料理と、
スープでつくるシメごはん。

残ったスープは最高にいい味！
「シメごはん」のすすめ。

鍋料理はおもてなしにうってつけ。この章で紹介するのは、どんな季節でもおいしく食べられるジャンルもいろいろな3種のお鍋。

どのお鍋も、残ったスープでつくる絶品の「シメごはん」レシピ付き。鍋料理は、最後に残ったスープに野菜や肉の旨味が溶け出して深い味になっているので、残さずいただかないともったいない！

シメごはんに姿を変える鍋料理のことを、わたしは「変身お鍋」と呼んでいます。「シメごはんのために、お鍋をしたい」という生徒さんもいるほどです。

Menu

- ● ブイヤベース
- シーフード・リゾット
- ● 担々(たんたん)しゃぶしゃぶ
- 担々麺
- ● エスニック水炊き鍋
- タイカレー

Hot Pot

ブイヤベース

短時間でつくれて、コツいらず。
スープと具の両方をおいしく食べられるレシピです。

材料（4人分）
魚介　｜白身魚（内臓とうろこを取ったもの）…1尾
　　　｜あさり ……12個
　　　｜海老 ……8尾
　　　｜やりいか（輪切り）……2ハイ
　　　｜ほたて ……4個
　　　｜ムール貝（冷凍）……12個
EVオリーブオイル ……大さじ2
にんにく（みじん切り）……小さじ1
トマト（湯むきして1cm角に切る）……2個
白ワイン ……200cc
水 ……適量
サフラン ……2つまみ
塩 ……少々
パセリ（みじん切り）……適量
ライム ……適量

つくり方
❶ 鍋にEVオリーブオイルとにんにくを入れて火にかけ、香りが出たらトマトを炒める。白ワインを入れる。
❷ ぶつ切りにした白身魚、あさり、かぶるくらいの水を入れ、沸騰したらアクを取る。サフランを加え、20分煮る。
❸ 海老、やりいか、ほたて、ムール貝を入れ、海老が赤くなったら塩で味をととのえてできあがり。パセリを散らし、好みでライムをしぼっていただく。

＊魚のだしが出るのにかかる時間は20分。それ以上煮る必要はありません。

残ったスープで
シーフード・リゾット

魚介のだしがたっぷり出たスープでつくるぜいたくなリゾット。
飲んだ翌朝にもうれしい味です。

材料（4人分）
ブイヤベースのスープの残り ...... 400〜450cc
米 1合
EVオリーブオイル 大さじ2
白ワイン 100cc
パルミジャーノ ...... 適量
イタリアンパセリ（みじん切り）...... 適量

つくり方
❶ 鍋にEVオリーブオイルと米を入れて、中火で2〜3分軽く炒める。米からピチピチと音がしてきたら白ワインを入れ、弱火にする。
❷ ①の水分が少なくなり、木べらで混ぜたときに鍋底が見えるようになったら、別鍋で温めておいたスープの残りを、分量の1/4加える。これをくり返す。途中、混ぜすぎると粘りが出てしまうので、焦げつかないようにたまに混ぜる程度でよい。
❸ 30分ほどたつと、米にちょうどよく火がとおる。ぷつぷつとした砂浜の蟹の穴のようなものが見えたら、できあがり。うつわに盛り、パルミジャーノをすりおろし、イタリアンパセリを散らす。

＊スープの残りが足りないときは水を加え、味が薄ければ固形ブイヨンで調整を。
＊米は洗わずに使います。気になる人は無洗米にしてください。

a 米は洗わずに炒める。b スープは4回に分けて加える。c 木べらで混ぜたとき、このくらい鍋底が見えたら、次のスープを加える。

担々しゃぶしゃぶ

ごまのきいたピリ辛の担々スープが食欲をかきたてるしゃぶしゃぶ。
たっぷりの豚肉と野菜が、あっという間に食べられます。
「自家製ラー油」(つくり方は68ページ)を使うと、味が格段に上がります。

材料(4人分)

スープ
- 水 …… 1.5ℓ
- 中華スープペースト …… 30g
- 酒・しょうゆ …… 各50cc
- 塩 …… 小さじ½
- ねりごま(白) …… 150g
- ラー油 …… 50〜60cc

具
- 豚肉(しゃぶしゃぶ用) …… 500g
- にら …… 1束
- せり …… 1束
- チンゲン菜 …… 2株
- しいたけ …… 8個

つくり方

❶ にら、せり、チンゲン菜を食べやすい長さに切る。しいたけは石づきを取る。
❷ 鍋にスープの材料を合わせて沸騰させ、しいたけを入れる。野菜と豚肉をしゃぶしゃぶしていただく。

残ったスープで
担々麺

鍋のしめくくりは担々麺。豚そぼろをつくらなくても、十分においしくいただけます。

材料(4人分)

- 担々しゃぶしゃぶのスープの残り …… 適量
- 中華麺 …… 2玉
- 豚そぼろ
  - 豚ひき肉 …… 60g
  - サラダ油 …… 小さじ1
  - 酒 …… 小さじ1
  - テンメンジャン …… 小さじ2
- チンゲン菜 …… 1株
- 長ねぎ(みじん切り) …… 適量

つくり方

❶ 豚そぼろをつくっておく。豚ひき肉をサラダ油で炒め、酒・テンメンジャンで味つけする。 ⓟ
❷ スープを温め、チンゲン菜をサッと煮る。
❸ 中華麺をゆでて丼に入れ、②のスープを注ぎ、チンゲン菜をのせる。①の豚そぼろと長ねぎをトッピングする。

Hot Pot

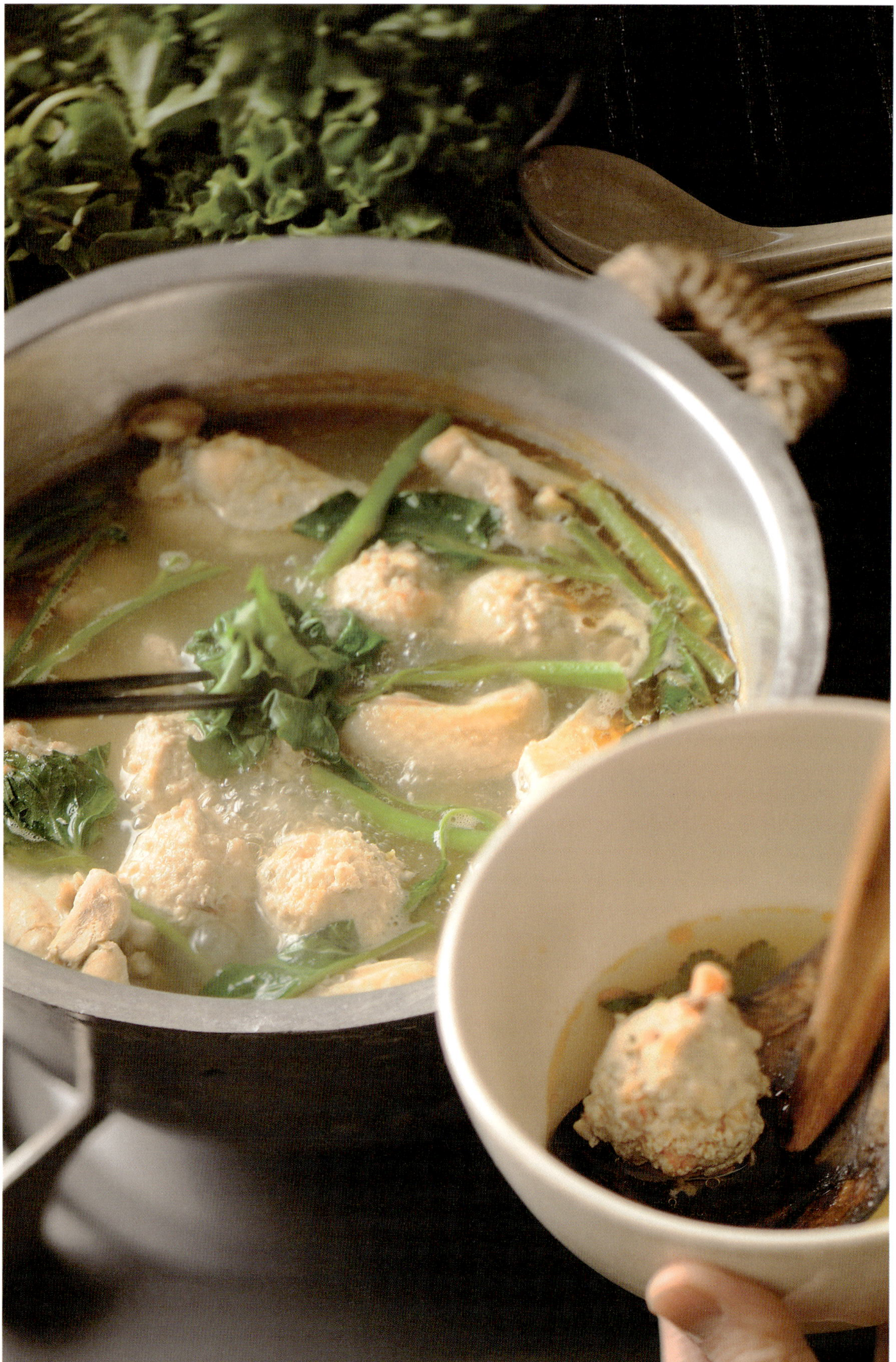

エスニック水炊き鍋

骨つき鶏肉と鶏だんごから旨味がとけだしたスープに、葉もの野菜を入れて味わいます。
必要なハーブが少量ずつ手に入る、トムヤンクン・スパイスセットが活躍します。

材料（4人分）

スープ
- 水 …… 1.5ℓ
- 骨つき鶏肉 …… 400g
- 市販のトムヤンクン・スパイスセット
  （トムヤンクンペースト、レモングラス、
  バイマックルー、カー、タカの爪を
  だし用パックに入れたもの）
- ナムプラー …… 大さじ1と1/2

鶏だんご
- 鶏ひき肉 …… 200g
- 卵 …… 1個
- むき海老（細かく切る）…… 200g
- 長ねぎ（みじん切り）…… 大さじ2
- パクチーの茎（みじん切り）…… 大さじ2
- おろししょうが …… 大さじ1/2
- 塩 …… 小さじ1/2

野菜｜空芯菜・水菜・プリーツレタス・みつば … 各適量
パクチー …… 適量

つくり方

❶ 野菜は食べやすい大きさに切っておく。鶏だんごの材料をよく練る。
❷ 鍋にスープの材料を入れて沸騰させる。アクをとったら、スパイスを取り出す。①の鶏だんごのたねをまるめて入れ、火がとおったら下準備の完了。
❸ ②の鍋を火にかける。めいめいが好みの野菜を鍋に入れてしゃぶしゃぶのようにサッと火をとおし、鶏だんごや骨つき鶏肉といっしょにいただく。好みで薬味のパクチーを添える。

残ったスープで
タイカレー

残ったスープは、おいしいタイカレーのベースに。
骨つき鶏肉も煮込まれてほろほろ！

材料（4人分）

- 水炊き鍋のスープの残り …… 500cc
- 骨つき鶏肉の残り …… 適量
- レッドカレーペースト …… 30g
- ココナッツミルク …… 1缶
- ゆでたけのこ（せん切り）…… 小1個
- 赤ピーマン（せん切り）…… 1個
- パクチー（みじん切り）…… 大さじ1
- ジャスミンライス（炊いたもの）…… 適量
- 揚げねぎ …… 適量

つくり方

❶ 骨つき鶏肉の入ったスープの残りにレッドカレーペーストを加えて沸騰させ、ココナッツミルクを入れる。
❷ たけのこ、赤ピーマンを加えて、火をとおす。最後にパクチーを加える。
❸ うつわによそったジャスミンライスに揚げねぎをのせ、②のタイカレーを添える。

＊揚げねぎは、風味を添えてくれるおいしいトッピング。中華食材店、インターネット通販などで手に入ります。

Column 6

これはおいしい！
「自家製ラー油」のすすめ。

64ページの「担々しゃぶしゃぶ」と「担々麺」をつくるときに、ぜひ使ってほしいのが香り豊かでコクのある、この「自家製ラー油」です。

つくり方は、意外とかんたん。材料のうち、B、Cを鍋に入れて火にかけます。その間に、大きめのステンレスのボウルの中で、Aをよく混ぜます。水を混ぜるのは、唐辛子粉を焦がさないためです。ねぎやしょうがが色づいたら、Cを網ですくって取り出します。強火にして、油から煙があがったら火を止め、おたますくって唐辛子粉にジャーッとかけては混ぜ、これをくり返して完成。唐辛子粉からたちのぼる熱気でむせないように、気をつけてください。

ラー油の材料

A｜韓国唐辛子（粉） …… 40g
　｜一味唐辛子（粗びき） …… 40g
　｜水 …… 30cc
B｜サラダ油 …… 450cc
　｜ごま油 …… 60cc
C｜中国花山椒の実 …… 大さじ1
　｜長ねぎの青い部分 …… 1本ぶん
　｜しょうが（厚めのスライス） …… 1/4個
　｜八角 …… 6〜7個
　｜桂皮（シナモンスティック） …… 6g

できたての色あざやかなラー油。時間がたつほどに辛みが増して、いい味わいに。

a ラー油の材料。b 油に香りの出る材料を入れて熱します。c その間に唐辛子粉と水を混ぜて（手がひりひりしないように、ビニール手袋をつけて）。d ねぎとしょうががこのくらいに色づいたら、網ですくって。e 油はおたまで1杯ずつすくって、唐辛子粉にかけます。f 唐辛子粉が沈んだら、すぐに使えます。唐辛子粉ごとビンに移して保存します。

Lesson 7
For Beer
ビールがおいしい、あとひきおつまみ。

リクエストの声が高い、ビールと相性ばつぐんのおつまみ。

一日の仕事を終えたあとに飲む、
キンキンに冷えたビールが最高に好き。
夕飯のときも、主食はビール!
はじめの一杯を一気に飲み干すと、
あっという間に疲れがふきとんでしまいます。
ビールがすすむおつまみを
あれこれ考える時間もたのしいひとときです。
ここでは、料理教室の生徒さんにも人気の
ビールと相性ばつぐんのおつまみを集めてみました。
もちろん、日本酒や焼酎などにもよく合います。

Menu

- ザンギ(北海道式 鶏の唐揚げ)
- 五目納豆のレタス巻き
- さきいかのかき揚げ
- 牡蠣(かき)の豆鼓(トウチ)焼き
- シガレット風 春巻き
- 自家製ビーフジャーキー

For Beer

五目納豆のレタス巻き

たくあんのコリコリとした歯ごたえがアクセント。
大粒の納豆を使ったほうがおいしくできます。

材料（4人分）
納豆 …… 1パック（80g、付属のタレとからしも使用）
A｜たくあん（粗みじん切り）…… 大さじ1
　｜昆布の佃煮 …… 大さじ1
　｜長ねぎ（みじん切り）…… 小さじ2
　｜みょうが（小口切り）…… 1個
卵黄 …… 1個
炒りごま（白）…… 小さじ1
レタス …… 8枚

つくり方
❶ 納豆、付属のタレとからし、Aを合わせてよくかき混ぜる。卵黄、炒りごまも加えて混ぜる。
❷ ①をレタスの上にのせて、いただく。

ザンギ（北海道式 鶏の唐揚げ）

中国語で鶏の唐揚げを意味する「炸鶏（ザーチ）」が
名前の由来。しょうゆ味のタレによく漬け込みます。

材料（4人分）
骨つき鶏肉（ぶつ切り）…… 500〜600g
タレ｜おろししょうが・おろしにんにく
　　｜玉ねぎのすりおろし …… 各大さじ1
　　｜酒・しょうゆ …… 各大さじ1
　　｜塩 …… 小さじ1/3
片栗粉 …… 適量
揚げ油 …… 適量

つくり方
❶ ボウルに骨つき鶏肉とタレを入れて、よくもみこむ。冷蔵庫で半日〜1日ねかせる。Ⓟ
❷ ①に片栗粉をまぶし、中温の油で揚げいったん取り出す。
❸ ふたたび揚げ油を高温になるまで熱し、②をカラッと二度揚げする。

牡蠣の豆豉焼き

おいしく仕上げるには、牡蠣に火をとおしすぎないで。
シャキシャキした白髪ねぎが味をひきたてます。

材料（4人分）
- 牡蠣 …… 16個
- サラダ油 …… 大さじ1
- にんにく（みじん切り）…… 小さじ1
- 長ねぎ（みじん切り）…… 大さじ1
- A ｜ トウバンジャン …… 小さじ1/2
  ｜ 豆豉（みじん切り）…… 小さじ2
- 酒 …… 大さじ1
- しょうゆ …… 小さじ1/2
- 白髪ねぎ …… 1本ぶん
- ごま油 …… 大さじ1
- パクチー …… 適量

つくり方
❶ サラダ油でにんにくを炒め、香りが出たら長ねぎを加える。油がまわったら、Aを入れる。
❷ 牡蠣を入れて酒を加え、強火にして鍋の中に火を入れてアルコールをとばす。火を止めてしょうゆを加える。
❸ ボウルに②の牡蠣を移し、白髪ねぎを入れる（飾りのぶんを少し残しておく）。鍋で煙が出るまで熱したごま油をジュッとまわしかけ、ひと混ぜして盛りつける。残しておいた白髪ねぎ、パクチーを飾る。

さきいかのかき揚げ

さきいかが残ったら、ぜひつくって。衣をまとわせて揚げるだけで、ビール党にうれしい一品のできあがり。

材料（4人分）
- さきいか …… 70g
- 酒 …… 小さじ2
- 天ぷら衣 ｜ 天ぷら粉 …… 大さじ4
  ｜ 水 …… 大さじ5
- 揚げ油 …… 適量

つくり方
❶ さきいかは3〜4cmに切り、酒をふりかけて少ししめらせておく。
❷ 少しずつ束にして、天ぷらの衣にくぐらせ、中温の油で揚げる。

For Beer

自家製ビーフジャーキー 🍲

漫画『美味しんぼ』の仕事で出合ったレシピ。
干すことで、ぎゅっと旨味が凝縮されます。

材料(4人分)
和牛薄切り肉 …… 4枚(80g)
しょうゆ …… 大さじ1/2

つくり方
❶バットの上にオーブンペーパーをしき、牛薄切り肉を広げる。片面にしょうゆを刷毛で塗り、外で半日〜1日陰干しする。
❷200度のオーブンで7〜8分焼く。冷ましてから、手で食べやすい大きさにちぎる。

＊いたみやすい真夏には外で干すのを避け、ラップをせずに冷蔵庫に入れておき、乾燥させるとよいでしょう。

シガレット風 春巻き

冷凍しておけば、凍ったまま揚げられるので便利。
豚ひき肉を海老のすり身に代えても。

材料(16本分)
A｜豚ひき肉 …… 100g
　｜おろししょうが …… 小さじ1
　｜長ねぎ(みじん切り) …… 大さじ2
　｜塩 …… 小さじ1/3
　｜ごま油 …… 小さじ2
春巻きの皮 …… 8枚
小麦粉・水 …… 少々
揚げ油 …… 適量

つくり方
❶Aをボウルに入れてよく練る。
❷春巻きの皮を半分に切り、①を薄く塗り(巻き終わりとなる端の1cmは残しておく)、できるだけ細く巻く。端の1cmに小麦粉を水で溶いたのりを塗って留める。🅿
❸中温の油で、きつね色になるまで揚げる。

Column 7
たっぷりしそがあるときに つくりたい「しそみそ」。

しそみその材料
しそ 100g (200枚)
サラダ油 大さじ1
A｜みそ 230g
　｜砂糖 100g
　｜みりん 大さじ1

小分けにしてビンに詰め、冷凍しておくとかなり長期間もちます。解凍後は1か月以内を目安に使いきるようにしましょう。

蒸した里いもに「しそみそ」をのせただけで田楽風。

子どものときからずーっと食べてきて、今も我が家に欠かせない「しそみそ」。「南蛮みそ」のしそ版です。夏になると、食べきれないほどのしそをいただくことがあります。大鍋で仕込んで、小分けにして一年中食べます。

つくり方はいたってシンプルです。大量のしそをざく切りにしたら水にさらしてアクを抜き、水気をしぼってからサラダ油で炒めます。そこへ、Aのみそ、砂糖、みりんを加えて、弱火で照りが出るまで炒めるだけ。子どものころ、そのあとのお鍋にごはんを入れて、鍋肌にくっついたみそをぬぐってつくる、おにぎりが好きでした。

小学生の娘は、きゅうりにつけて食べるのが大好き。セロリや大根、にんじんなどの野菜スティックにもよく合います。また、フライパンに油としそみそを入れて火にかけて熱して、ざく切りにしたキャベツをサッとからめるように炒めたものも、手軽につくれておいしい一品。53ページの「ししとうの大葉揚げ」に使うのもおすすめです。

74

Lesson 8
Sushi Recipes

家でつくるなら、こんな変わり寿司。

お寿司屋さんでは食べられない、おいしい組み合わせの変わり寿司。

おもてなしの定番といえばお寿司。
テーブルの上も華やかになります。
でも、どうがんばってもお寿司屋さんがつくるプロの味にはかないません。

だから、わたしがつくるのはちょっと工夫した変わり寿司。
いろんな種類をつくるのは大変ですが、
2〜3種類を大皿に盛り合わせるだけでも。

酢飯をつくるときは、
ごはんに混ぜるだけの「すしのこ」を使ってもいいと思います。
わざわざ水加減をして炊かなくても、
ふつうに炊いたごはんの一部を
とりわけて、つくれるから。
手軽にお寿司をたのしんでみるのもいいものです。

Menu

- プロシュートのてまり寿司
- ザーサイ寿司
- 牛タタキのにぎり
- そば寿司
- みょうが寿司
- あじの押し寿司
- ひとくちゆずいなり
- 韓国のり巻き

Sushi Recipes

ザーサイ寿司

ごま油としょうゆで漬けた大葉がミソ。
お弁当にもおすすめのお寿司です。

材料（10切れ分）
　酢飯 …… 1合ぶん
　味つきザーサイ …… 10g
　大葉 …… 10枚
　ごま油・しょうゆ …… 各小さじ1
　炒りごま（白）…… 小さじ1
　焼きのり …… 1枚

つくり方
❶ 大葉は洗って水気をふきとってボウルに入れ、ごま油・しょうゆを加え、手でまぶすようにして混ぜる。葉を開いて重ねて、10分ほど漬けておく。
❷ 押し寿司の型の半分の高さまで酢飯をつめる。ザーサイを並べ、❷の大葉をのせ、炒りごまをかけ、ふたたび酢飯をのせてぎゅっと押す。
❸ 型から取り出して焼きのりで巻き、1cm幅に切る。

ごま油としょうゆに大葉を漬ける。葉を広げておくと使いやすい。

プロシュートのてまり寿司

酢飯と黒オリーブって、意外な相性のよさ。
プロシュートが味のまとめ役です。

材料（12個分）
　酢飯 …… 170g
　プロシュート …… 2枚
　黒オリーブ …… 7個

つくり方
❶ 黒オリーブは5個を粗みじん切りにして、酢飯に混ぜる。2個を飾り用にスライスする。
❷ プロシュートは1枚を6等分に切る。
❸ ラップを広げて、オリーブのスライス、プロシュート、12等分した酢飯をのせて、ぎゅっと握る。

＊米1合の炊きあがりは約300gです。酢飯を用意するときの目安にして下さい。

そば寿司

酢でしめたそばと、たっぷりの針しょうが。
のびにくい茶そばをつかうのがおすすめ。

材料（3本分）
茶そば（乾麺）…… 100g
すし酢 …… 適量
針しょうが …… 30g
焼きのり …… 3枚
めんつゆ（3倍希釈タイプ）…… 適量

つくり方
❶ 茶そばはゆでてざるにあげ、流水で洗ってぬめりをとる。水をきって、すし酢をまわしかけ、手で押しながら水分をきる。
❷ 巻き簀に焼きのりを広げ、そば、針しょうがをのせて巻く。一口大に切り、めんつゆ（薄めない）につけていただく。

そばは1本ずつそろえなくても大丈夫。ぎゅっと巻くことできれいな切り口に。

牛タタキのにぎり

おもてなし感ダントツの変わり寿司。
バターじょうゆとにんにくのタレがきいています。

材料（12個分）
酢飯 …… 170g
牛モモ肉ブロック（タタキ用）…… 200g
塩・こしょう …… 少々
バター …… 15g
にんにく（スライス）…… 1片
酒・しょうゆ …… 各大さじ1
わさび …… 適量
大葉（半分に切る）…… 6枚
あさつき …… 適量
焼きのり …… 適量

つくり方
❶ 牛モモ肉ブロックは全面に塩・こしょうをふる。
❷ バターでにんにくを炒め、香りが出たら①の牛肉のすべての面を10秒ずつ焼く。フライパンから取り出し、アルミホイルでくるみ、余熱で火をとおす。冷めたら薄く切る。
❸ ②のフライパンに酒・しょうゆを入れ、ひと煮立ちしたら火を止める。
❹ 酢飯を12等分して俵形に握り、わさびを塗り、大葉、牛タタキをのせ、③のタレを塗る。あさつきをのせて細く切った焼きのりで巻く。

あじの押し寿司

昆布の旨味が出た合わせ酢が、味のかなめ。
15cmほどの小ぶりなあじが、つくりやすいです。

材料（10切れ分）
　酢飯 …… 1合ぶん
　あじ …… 2尾（3枚におろしたもの4枚）
　塩 …… 適量
　合わせ酢｜穀物酢・みりん・酒 …… 各大さじ4
　　　　　｜昆布 …… 10cmを2枚
　　　　　｜タカの爪（種はとらなくてよい）…… 2本
　大葉 …… 5枚
　しょうが（せん切り）…… 10g
　焼きのり …… 1枚

つくり方
❶ 合わせ酢の材料を保存容器に入れ、ひと晩以上おく。Ⓟ
❷ あじは両面に塩をたっぷりまぶし、冷蔵庫で1時間おく。
❸ ②を水で洗い流し、水分をキッチンペーパーでふきとり、①に漬ける。ふたたび冷蔵庫で4〜5時間おいて、酢じめにする。
❹ 頭のほうに向かって小骨を抜き、薄皮をひく。
❺ 押し寿司の型の半分の高さまで酢飯を敷き、大葉、あじ、しょうがの順にのせていく。酢飯をかぶせてぎゅっと押す。型から取り出して焼きのりで巻き、1cm幅に切る。

あじの両面にこのくらいたっぷり塩をまぶす。

みょうが寿司

甘酢に漬けると、みょうがが色あざやかに。
酢飯に混ぜ込んだ大葉がほのかに香ります。

材料（9個分）
　酢飯 …… 90g
　みょうが（外側の大きい部分）…… 9枚
　大葉（みじん切り）…… 2枚
　甘酢｜酢 …… 大さじ4
　　　｜砂糖 …… 大さじ1
　　　｜塩 …… 少々

つくり方
❶ みょうがはサッと塩ゆでにして、甘酢にひたす。Ⓟ
❷ 大葉を酢飯に混ぜる。
❸ ②の酢飯を、①のみょうがの中に入れ込むように握る。

韓国のり巻き

韓国で「キムパ」といわれるのり巻き。
子どもから大人まで、みんなに好まれる味。

材料（2本分）
ごはん（固めに炊いたもの）...... 1合ぶん
A | 塩 小さじ1/2
　| ごま油 小さじ1
焼きのり 2枚
《具》　ほうれん草 1/4束
　　　B | おろしにんにく小さじ1/4、
　　　　| 塩ひとつまみ、ごま油小さじ1
　　　牛ひき肉 100g
　　　C | 酒小さじ1、砂糖大さじ1、しょうゆ小さじ2、
　　　　| おろしにんにく小さじ1/3、ごま油小さじ1
　　　にんじん（7mm角×10cm）...... 4本
　　　たくあん（1cm角×20cm）...... 2本
　　　炒りごま（白）...... 大さじ1

つくり方
❶ ほうれん草はゆでて水気をしぼり、ボウルに入れてBを加え、混ぜ合わせておく。
❷ 牛ひき肉とCを鍋に入れ、パラパラになるまで炒めて、牛そぼろをつくっておく。
❸ にんじんは塩ゆでにする。Ⓟ
❹ ごはんにAを混ぜ合わせる。
❺ 巻き簀に焼きのりを広げ、のりしろとして端の1cmを空けて、❹のごはんをのせる。❶のほうれん草、❷の牛そぼろ、❸のにんじん、たくあん、炒りごまをのせて巻く。1cm幅に切る。

ひとくちゆずいなり

口の中でゆずがふわっと香る、おいなりさん。
お揚げの角を使って、小さくしあげます。

材料（16個分）
酢飯 1合ぶん
ゆずの皮（みじん切り）...... 小さじ1
油揚げ 4枚分
A | だし 200cc
　| しょうゆ・みりん・砂糖 各大さじ4

つくり方
❶ 油揚げは1枚の四方の角を正方形に切る。沸騰した湯にサッととおして、油抜きする。
❷ Aを合わせた中に①の油揚げを入れ、汁がなくなるまで煮る。Ⓟ
❸ ②をざるにあげ、汁気をきる。
❹ 酢飯にゆずの皮のみじん切りを混ぜ、少量ずつ丸めておく。③の油揚げをぎゅっと握って、しっかり汁気をしぼって酢飯をつめる。

油揚げの角を正方に切る。
真ん中の余った部分は、他の料理に使う。

Column 8
キッチンを快適にしてくれる小さなひと工夫。

日々、料理をつくるなかで、ちょっとした工夫がキッチンを快適にしてくれます。ささやかなことですが、ためしてみる価値ありです。

● ペッパーミルはそのまま置いておくと、ひき終わったあとに出た粉がこぼれてしまうのが、うっとうしいですよね。あるとき、ためしにいらないビンのふたをはめてみたら、キャップにぴったり！ こうして、快適にミルが使えるようになりました。

● 窓掃除用のスクレイパーは便利。まな板専用にしています。これでサッと水気を払ってから、まな板立てに置きます。

● にんにくをきざんだり、魚をさばいたりして手のにおいが気になるときは、一カップの水に小さじ2のはちみつを溶かして、それで指先を洗うのがおすすめ。臭みがとれてすっきりします。

● 黒ずんできたアルミ鍋を、クレンザーでこするのは大変な手間。たっぷりの水を入れて数滴のお酢を落としてから、火にかけて沸騰させれば、わずか数分でぴかぴかになります。

ペッパーミルは、ものによって大きさがまちまち。相性のいいふたを見つけて。

まな板の水気は、スクレイパーでサッとひとはらい。ふきんでふく手間を省けます。

Lesson 9
Easy Sweets

これならかんたん、手間いらずのスイーツ。

Easy Sweets

混ぜて冷やすだけだったり、混ぜて焼くだけだったり。

料理教室では、食事のしめくくりのデザートとしてできるだけ手間をかけないスイーツを毎回ひとつずつ紹介しています。

混ぜて冷やすだけだったり、混ぜて焼くだけだったり、複雑なプロセスはなし。

食事の準備のついでにパパッとつくっておけて、初めてつくる人でも失敗しない、かんたんなレシピばかり。

めいめいが好きなだけうつわに取り分けて、食べたい人はおかわりも自由。好みで甘さの調節ができるのも手づくりのよさです。

Menu

- ふわとろ苺のレアチーズ
- アフォガート
- かんたんティラミス
- チョコレート・ブラウニー
- あずきとココナッツミルクのタピオカ
- 柿のシャーベット マスカルポーネ添え
- ベイクド・バナナ・チーズケーキ

ふわとろ苺のレアチーズ

ふわふわとろとろのレアチーズの中で、苺の酸味がじゅわっ。
さわやかなすっぱさがおいしい、走りの苺でつくって。

材料（つくりやすい分量）
- 苺 …… 1/2パック
- クリームチーズ …… 1/2箱（125g）
- 砂糖 …… 50g
- 生クリーム …… 1パック（200cc）
- ゼラチン …… 5g
- 水 …… 50cc
- メレンゲ｜卵白 …… 1個ぶん
　　　　　｜砂糖 …… 15g

つくり方
1. ボウルにクリームチーズと砂糖を入れ、混ぜ合わせる。さらに生クリームを加え混ぜる。
2. 水にゼラチンをふり入れ、ふやけてきたら電子レンジで30秒前後加熱して液状にし、①に加える。
3. メレンゲをつくる。卵白を泡立てて、途中で砂糖を少しずつ加えていく。しっかりツノが立つまで泡立てたら、②に加え混ぜる。小さな角切りにした苺を混ぜ、ボウルごと冷蔵庫で冷やし固める。固まったら、スプーンですくってうつわに盛る。

＊出盛りの甘い苺を使うときは、①の生クリームのあとに大さじ2のレモン汁を加えて酸味を補います。

アフォガート

「アフォガート」は、イタリア語で「溺れる」という意味です。
熱いコーヒーに溺れてゆっくり溶けていくバニラアイス。

材料(4人分)
バニラアイスクリーム …… 400㎖
イタリアンローストの豆で
　濃くいれたコーヒー …… 150〜250cc

つくり方
❶うつわにアイスクリームを盛り、上からいれたてのコーヒーをかける。

かんたんティラミス

マスカルポーネを使わなくても、十分おいしい。
大きなスプーンでざっくりとすくって、お皿に取り分けます。

材料（24cmの丸型1台分）
- クリームチーズ …… 1箱（250g）
- 砂糖 …… 80g
- 生クリーム …… 2パック（400cc）
- カステラ切り落とし …… 16切れ
- シロップ ｜ インスタントコーヒー・ラム酒 … 各大さじ3
  ｜ 熱湯 …… 300cc
- ココア …… 適量

つくり方

❶ クリームチーズは室温に戻し、砂糖を加えてハンドミキサーでなめらかにする。途中で、生クリームを加える。

❷ 型にカステラをしきつめて、シロップの半量をしみこませ、①のクリームをかける。ふたたびカステラをしきつめ、残りのシロップをしみこませ、クリームをのせて表面を平らにならす。

❸ 茶こしにココアを入れ、ふりかける。冷蔵庫で冷やす。

チョコレート・ブラウニー 🍲

生チョコのようにしっとりしたブラウニー。
ハンドミキサーひとつで、どんどん材料を混ぜていきます。
卵と粉を交互に入れていくのが、分離しない秘訣。

材料（27×27cmの天板1枚分）
　バター …… 200g
　砂糖 …… 250g
　卵（L玉）…… 5個
　A｜薄力粉 …… 180g
　　｜ベーキングパウダー …… 小さじ1/4
　B｜ココア …… 60g
　　｜熱湯 …… 80cc
　C｜ブランデー（またはラム酒）…… 大さじ1
　　｜プレーンヨーグルト …… 大さじ2
　ココア（飾り用）…… 適量

つくり方
❶ 室温に戻しておいたバターをハンドミキサーでクリーム状に練り、砂糖を加えてさらに練り混ぜる。
❷ 白っぽくなったら卵を1個入れて混ぜ、あらかじめふるっておいたAを大さじ2杯ほど入れて混ぜ合わせる。この作業を、卵5個がなくなるまでくり返す。
❸ Bをよく混ぜ、そこにCを加えて混ぜたものを、①に入れて混ぜる。残りのAをすべて入れて混ぜ、オーブンペーパーをしいた天板に流し入れて平らにならす。160℃のオーブンで45〜50分焼く。竹串をさして生地がついてこなければ、焼きあがり。
❹ 冷めたら切り分けて、茶こしでココアをふりかける。

＊セロファンで包んで、プレゼントしてもよろこばれます。

Easy Sweets

あずきとココナッツミルクのタピオカ

キャッサバいものでんぷんからつくられるタピオカ。
弾力をたのしむなら、粒の大きいパールタピオカを選んで。

材料（4人分）
ゆであずき …… 大1缶（430g）
パールタピオカ …… 50g
ココナッツミルク …… 1/2缶（200cc）

つくり方
❶ パールタピオカを熱湯に入れ、1時間ほどゆでる。芯に少しだけ白い色が見える程度になったらざるにあげ、冷水で洗う。
❷ ①とゆであずき、冷やしておいたココナッツミルクを混ぜ合わせる。

＊冷蔵庫でひと晩おくとタピオカが固くなってしまうので、つくったその日にいただきます。

a 1時間ほどゆでたところ。芯に少しだけ白い色が見える。b ざるにあげて、冷水でよく洗う。

柿のシャーベット マスカルポーネ添え

やわらかく熟した柿でつくるシャーベット。
砂糖を入れなくても、甘さは十分です。

材料（4人分）
- 柿（完熟してやわらかくなったもの）...... 4個
- マスカルポーネチーズ 100g
- グラニュー糖 大さじ1
- ミントの葉 ...... 適量

つくり方
❶ 皮をむき、冷凍庫で凍らせた柿をボウルに入れ、フォークでつぶす。シャーベット状になったらアイスクリームディッシャーですくい、うつわに盛る。
❷ マスカルポーネチーズにグラニュー糖を混ぜ合わせ、上からかける。ミントの葉を飾る。

熟した柿を凍らせて、フォークでつぶすだけでシャーベットに。

ベイクド・バナナ・チーズケーキ

皮に黒い斑点が出た、熟れ熟れのバナナを使って。
生地がふわっとしている焼きたてをいただくのがおすすめ。

材料（24cmの丸型1台分）
　クリームチーズ ...... 1箱（250g）
　砂糖 80g
　卵 2個
　完熟バナナ 大1本
　生クリーム ...... 1パック（200cc）
　レモン汁 大さじ2
　小麦粉 30g

つくり方
❶ 室温に戻したクリームチーズ、砂糖をボウルに入れ、ハンドミキサーで混ぜる。なめらかになったら卵を加えて混ぜる。
❷ バナナを小さくちぎって加え、ミキサーでつぶしながら混ぜていく。果肉のかたまりがなくなったら、生クリームを加える。混ざったらレモン汁を入れ、全体がもったりしてきたら小麦粉をふるい入れ、さらにミキサーで混ぜる。
❸ ケーキ型の底と側面に製菓用の紙を敷き、そこに②の生地を流し入れる。160℃のオーブンで1時間焼き、そのまま冷めるまでオーブンに入れておく。

a 熟してやわらかくなったバナナは、ハンドミキサーでかんたんにつぶれる。b 全体がこのくらいもったりしてきたら、小麦粉を入れる。

Easy Sweets

Column 9

たのしくつくって、たのしく飲む。
それがトリート・テーブルの料理教室。

毎年、年末になると「おせち料理」の依頼が舞い込みます。でも、年末年始はゆっくり過ごしたくて、ある年、「注文を受けるのはもうやめよう」と思ったのです。すると、お客さんから「やめるんだったら、おせちのつくり方教えて!」と言われて。それが、料理教室をはじめるそもそものきっかけでした。

ごく少人数ではじめた教室でしたが、生徒さんがお友だちを連れてきたりして、今では1回のレッスンで14人ほどの大所帯になってしまいました。教える料理は、ちゃんと家でもつくれそうなもの、と決めています。毎回、前菜からメイン、デザートまで、7〜8品ほど。かんたんなレシピをたくさん教えたくて、ついつい品数が多くなってしまいます。週末の夜に開催するので、つくった料理を食べながら、欠かせないのがお酒! ビールやワインのボトルがどんどんからっぽになります。宴会は深夜にまでおよぶこ とも……。

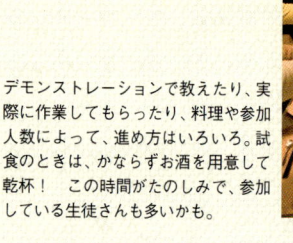

この本には、そんな和気あいあいの教室で好評だったレシピを集めてみました。気になる料理からつくって、「かんたん、おいしい」を実感してください。

デモンストレーションで教えたり、実際に作業してもらったり、料理や参加人数によって、進め方はいろいろ。試食のときは、かならずお酒を用意して乾杯! この時間がたのしみで、参加している生徒さんも多いかも。

Index
ふだんごはんに役立つさくいん

● **メインおかず**
- ほたてのタルタル　サーモン包み ……11
- ししゃもの変わり揚げ ……18
- 鴨の冷製　ゆずこしょう風味 ……19
- 白身魚の和風カルパッチョ ……29
- 銀だらの粕漬け ……30
- 揚げなすの豚肉巻き ……31
- ほたてのカルパッチョ　キウイソース ……40
- じゃがいもとアンチョビのグラタン ……43
- おこわ入りのローストチキン ……45
- さんまのしぐれ煮　山椒風味 ……51
- もち米しゅうまい ……52
- 牛肉の八角煮　半熟味つけたまご添え ……56
- ブイヤベース ……62
- 担々しゃぶしゃぶ ……64
- エスニック水炊き鍋 ……67
- ザンギ（北海道式　鶏の唐揚げ）……71
- 牡蠣の豆豉焼き ……72

● **サブおかず**
- 野菜のボート3種 ……10
- ピータン豆腐 ……19
- きゅうりのごま酢和え ……20
- 温野菜のピーナッツバター・ディップ ……21
- わかめと春菊の韓国風サラダ ……22
- ほうれん草としめじのおひたし ……28
- 根菜たっぷりの卯の花 ……28
- きゅうりの洋がらし漬け ……32
- きのこ三昧　サラダ仕立て ……42
- 鶏そぼろ入り　和風生春巻き ……50
- プチトマトとモッツァレラチーズのおひたし ……50
- 根菜の黄色いごま和え ……51
- にんじんのたらこ和え ……53
- ししとうの大葉揚げ ……53
- 豚肉のみつば蒸し ……53
- さといものみぞれ煮　ゆず風味 ……55
- 五目納豆のレタス巻き ……71

● **ごはん＆麺**
- 春野菜のパスタ ……12
- ユッケ風の鉄火丼 ……23
- 牡蠣とごぼうの炊き込みごはん ……33
- 冷やしとろとろうどん ……57
- シーフード・リゾット ……63
- 担々麺 ……64
- タイカレー ……67
- ザーサイ寿司 ……78
- 牛タタキのにぎり ……79
- そば寿司 ……79
- あじの押し寿司 ……80
- ひとくちゆずいなり ……81
- 韓国のり巻き ……81

● **汁もの＆スープ**
- ひとくちキャロットスープ ……9
- 冷やしとろろ汁 ……23
- 大根おろしのかきたまみそ汁 ……32
- ブイヤベース ……62
- 担々しゃぶしゃぶ ……64
- エスニック水炊き鍋 ……67

● **おつまみ**
- りんごとゴルゴンゾーラのカナッペ ……9
- 野菜のボート3種 ……10
- 海老のスイートチリソースマリネ ……18
- ピータン豆腐 ……19
- 北京ダック風　カリカリワンタンロール ……20
- きゅうりの洋がらし漬け ……32
- プロシュート巻き　3種 ……38
- フィンガーフード、いろいろ ……39
- 海老と黒オリーブのピンチョス ……41
- 砂肝のにんにくじょうゆ漬け ……52
- チン！牡蠣 ……54
- さきいかのかき揚げ ……72
- シガレット風　春巻き ……73
- 自家製ビーフジャーキー ……73
- プロシュートのてまり寿司 ……78
- 牛タタキのにぎり ……79
- そば寿司 ……79
- みょうが寿司 ……80
- ひとくちゆずいなり ……81

「トリート・テーブル」の料理教室

かんたん、おいしい、おもてなし。

2008年6月23日　初版発行

著　者　　田中優子

料理・スタイリング　田中優子

料理製作アシスタント　谷口由佳
　　　　　　　　　　　渡辺佳子
　　　　　　　　　　　牧野哲子
　　　　　　　　　　　こてら みや

装丁・本文デザイン　黒川チエコ (opon)
デザインアシスト　山屋充代 (opon)
　　　　　撮影　福田栄美子
　　　　　　　　佐々木俊英 (P6、P94)
　　　カリグラフィ　ラウラ・スタニョ (opon)

　　　　　校閲　酒井正樹、奥原保子

　　　企画・編集　大沼聡子
　　　担当編集　堀江知子 (第8編集部)

発行者　髙野潔
発行所　株式会社アスキー・メディアワークス
　　　　〒101-8305　東京都千代田区神田駿河台1-8
　　　　東京YWCA会館
　　　　編集　0570-064008

発売元　株式会社角川グループパブリッシング
　　　　〒102-8177　東京都千代田区富士見2-13-3
　　　　営業　03-3238-8605

印刷・製本　大日本印刷株式会社

ISBN978-4-04-867190-3 C2077
Printed in Japan

©2008 Yuko Tanaka
©2008 ASCII MEDIA WORKS

レシピに登場した食材の問い合わせ先

● カオヤーピン (P20) のメーカー
　有限会社富強食品
　03-3403-0484
　http://www.fukyo.com/

● プチパイケース (P39) の取扱店
　＊「オン ザ パイ・オードブル」という商品名で販売されています。
　NATIONAL AZABU (ナショナル麻布スーパーマーケット)
　03-3442-3181
　http://www.national-azabu.com/

　日進ワールドデリカテッセン
　03-3583-4586
　http://www.nissinham.co.jp/nwd/

撮影協力　株式会社キントー
　　　　　03-3780-5771
　　　　　http://www.kinto.co.jp/

「トリート・テーブル」の料理教室は、小さな教室のため
本書の発行時点では、新規のお申し込みを受け付けることができません。
今後の予定につきましては、下記ウェブサイトをご覧ください。
「トリート・テーブル」の料理教室　http://treattable.exblog.jp/

本書は、法令に定めのある場合を除き、複製・複写することはできません。
定価はカバーに表示してあります。
落丁・乱丁本はお取り替えいたします。購入された書店名を明記して、
株式会社アスキー・メディアワークス生産管理部宛にお送りください。
送料は小社負担にてお取り替えいたします。
但し、古書店で本書を購入されている場合はお取り替えできません。

● 本書の読者アンケート、各種ご案内は下記よりご覧ください。
小社ホームページ　　http://asciimw.jp/